スポーツ審判
メンタル強化メソッド

実業之日本社

PERFECT LESSON BOOK

はじめに

審判員がリスペクトされていないのではないか……。

私の研究は、そんな問いかけからはじまりました。

近年、審判員に関する話題が、テレビやインターネットで伝えられる機会が増えてきました。ところが、そのほとんどが誤審やミスジャッジなどネガティブなものばかりです。オリンピックやサッカーのＦＩＦＡワールドカップではその傾向が顕著で、すべての審判員が多くのプレッシャーを抱えながら大舞台に立っていることがわかります。

トップアスリートであれば、そうしたプレッシャーに打ち勝つために、メンタルトレーニングに取り組むことができるでしょう。ところが、これまで日本では、審判員のメンタルスキルに関する研究がほとんど行われてきませんでした。あらゆるスポーツにおいて、審判員は欠かすことができない存在であるにもかかわらず。

「試合中に選手がクレームを言いにきたらどうしよう」

「今日の試合を担当するのはちょっと気が重いなぁ」

そんな悩みを抱えている審判員の皆様はぜひ、メンタルトレーニングを活用してください。ストレスやプレッシャーを適切に対処すれば、審判員としてのパフォーマンスは飛躍的に向上します。

メンタルは、鍛えれば強くなります。

本書では､誰でもすぐに取り組めるメンタルトレーニングを紹介しています。もちろん、これらのトレーニングは審判員だけに有効というわけではありません。仕事や勉強など、毎日の暮らしのなかでも大いに役立ちます。現役のアスリートにとっても、ストレスを取り除き、プレッシャーに打ち勝つヒントが随所に散りばめられています。

また、各章の最後には現役で活躍されているトップレフェリーへのロングインタビューを掲載しました。各競技種目のトップレフェリーがどんな心理状態で試合に臨んでいるのか。貴重なコメントを参考にしていただけると幸いです。現場のリアルな声は、きっと多くの方に勇気を与えてくれるに違いありません。

ぜひ、日々の生活にメンタルトレーニングを取り入れてください。

本書が、皆様の実りある日常生活を支える一冊となること、そして、審判員の皆様の一助となることを願ってやみません。

村上貴総

審判員に求められるメンタルスキル

メンタルスキルを身につけるトレーニング　109

[STAFF]

編集協力　吉田亜衣、岩本勝暁、米虫紀子、小崎仁久

カバーデザイン　柿沼みさと

本文デザイン・DTP　若松隆

取材協力　(公財)日本サッカー協会、(公財)日本バスケットボール協会、
(公財)日本テニス協会、(公財)日本バレーボール協会、
(公財)日本高等学校野球連盟

Chapter

1

スポーツにおける審判員の役割

あなたは、なぜ審判員をしていますか？　そこで得るやりがい、喜びがあるからこそ、続けているのだと思います。しかし、一生懸命取り組むほど、不安や悩みは尽きないもの。第1章では審判員が抱えるストレスについて解説していきます。

審判員とは？

近年、スポーツの審判員の活動がテレビや新聞、インターネットでクローズアップされるのは、決して珍しいことではなくなってきました。

記憶に新しいのは、２０１８年のサッカー「ＦＩＦＡワールドカップロシア大会」です。西《にし》野《の》朗《あきら》監督が率いる日本代表は、惜しくもベルギーに敗れたもののベスト16に進出。多くの国民に夢と感動を与えました。

さて、この大会は日本代表の活躍以外にも、実に多くの話題がありました。

そのひとつが、ワールドカップでは初の試みとなった「ビデオ・アシスタント・レフェリー（ＶＡＲ）」です。結果を左右する重大な誤審を防ぐことを目的に導入され、実際にフェアプレーの精神に反したシミュレーション（ファウルをされたフリをすること）が大幅に減りました。一方で、コンタクトプレーに対する判定が厳しくなり、ＰＫの数が増えたことに賛否の声もあがりました。主審がビデオを確認するたびに、試合の流れがいちいち止まることに抵抗を覚えた人も一定数いたようです。

他にもこんなことがありました。

覚えている方も多いでしょう。テニスの大坂なおみ選手が初優勝を果たした、2018年9月9日の「全米オープン」女子シングルス決勝戦です。警告を受けたセリーナ・ウィリアムズ選手が審判台に詰め寄って激しく抗議。主審に暴言を吐くなど、荒れた試合になりました。

こうした例をあげるまでもなく、**審判員は常にたくさんのプレッシャーにさらされています。**

しかし、現代のスポーツにおいて、審判員は欠かすことができません。なぜなら、**すべてのスポーツはルールに則って行われており、そのルールを司る人が審判員(レフェリーまたはアンパイア)だからです。**

では、審判員の役割とは何でしょうか。

競技によって違う判定方法

はじめに「レフェリー」と「アンパイア」の違いから整理しておきましょう。競技によって審判員の呼び方は大きくふたつに分けられます。

●**レフェリー**……サッカー、アメリカンフットボール、ラグビー、バスケットボール、バレーボール、ボクシング、レスリングなど

●**アンパイア**……野球、テニス、バドミントン、卓球など

明確に定義されているわけではありません。諸説ありますが、呼び方そのものが審判員の起源を表しているとも言えます。

「レフェリー」の語源とされている英語の「refer」には、【言及する】【参照する】の他に【(物事の処置などを)付託する、委ねる】という意味があります。したがって、スポーツにルールが浸透しはじめた頃、両者のプレーに対する判定を任せられる第三者の存在が必要であったと考えられます。

一方の「アンパイア」は、フランス語の「nonper」が語源です。【対等でない人】【第三者】を意味し、たとえば野球のように〈ボール〉と〈ストライク〉、あるいは〈アウト〉と〈セーフ〉のような曖昧なものに対して白黒をはっきりさせる人という意味合いがあるようです。

一般的に、サッカーやラグビーのように「動きながらジャッジする人」をレフェリー、野球やテニスのように「所定の位置からジャッジする人」をアンパイアと呼びますが、例外もあります。たとえば、バレーボールの主審はレフェリーと呼ばれますが、試合中は審判台から下りることはありません。

アメリカンフットボールは試合展開が複雑で、ひとつのプレーの中にさまざまな事象が発生します。そのため、フィールド上には、レフェリーとアンパイアの両方がいます。7人の審判員で構成されており、オフィシャル（審判団）という総称で呼ばれているのも特徴と言えるでしょう。

審判員の役割は、目の前で起きるさまざまな事象をルールに基づいてコントロールし、試合を円滑に進めていくことです。ところが、周囲からは「うまくやって当たり前」と見られがち。少しのミスも許されません。同じ人間であるにもかかわらず、です。

選手や観客、メディアからのこうしたプレッシャーが、審判員にとってストレスフルな環境を作り出しているのです。もちろん、フラストレーションを感じているのは、必ずしもトップレベルの審判員だけではありません。子どもたちが通うスポーツクラブや少年団の練習試合で審判をしている父兄も一緒。まわりの大人から野次を飛ばされて、ストレスを感じた経験もあるのではないでしょうか。

ある海外の報告によると、サッカーおよびバレーボールの審判員の約20パーセントが、本人やその家族に対する批判を経験したことがあると言います。その結果、多くの審判員が、審判活動を辞めざるを得ませんでした。また、アメリカのバスケットボールの国際審判員の実に45パーセントが、ストレスによる頭痛や筋痙攣《きんけいれん》、血圧上昇などの兆候を経験しています。

テニスも国際審判員ともなれば、グランドスラムをはじめ、世界中の目が一身に注がれる大会で試合をさばきます。のしかかってくるプレッシャーは並大抵ではないでしょう。

このように、多くの審判員は多種多様な心理的ストレスを抱えており、その対処方法を知りたいと思っています。ところが、こうした審判員のストレス対策に着目した研究は、日本ではほとんど行われてきませんでした。

そこで、本書では審判員が抱えるストレスの原因を特定し、効果的な対応策を講じる必要があると考えました。メンタルは、学習およびトレーニングによって必ず強化することができます。

では、メンタルスキルを養うには、具体的にどんなトレーニングがあるのか。それを審判員の資格獲得を目指している方々や現役のスポーツ審判員、さまざまなスポーツシーンで審判を務める方を対象に、広く発信していきます。

ひいては、最高のレフェリングがすべてのスポーツ審判員にとって有益な情報になると確信しています。

審判員の適性

審判員を目指す方からよく聞かれる質問に、こういうものがあります。それは、「審判員はどんな性格の人が向いているのか？」

これについて、サッカーのプロフェッショナルレフェリーである西村雄一氏は「真面目な人」と答えました（Ｐ31〜参照）。

確かに、**公正に試合をさばかなければいけない審判員に、真面目さや実直さは欠かすことができません。審判員に勉強熱心な人が多いのも、ひとつの特徴**です。

スポーツ心理学の専門家によってまとめられた研究論文「テニス審判員における心理的スキルの検討」（２０１６年）において、「審判員におけるメンタルスキル」を表した図があります（**図1**）。

図1　審判員におけるメンタルスキルの分類

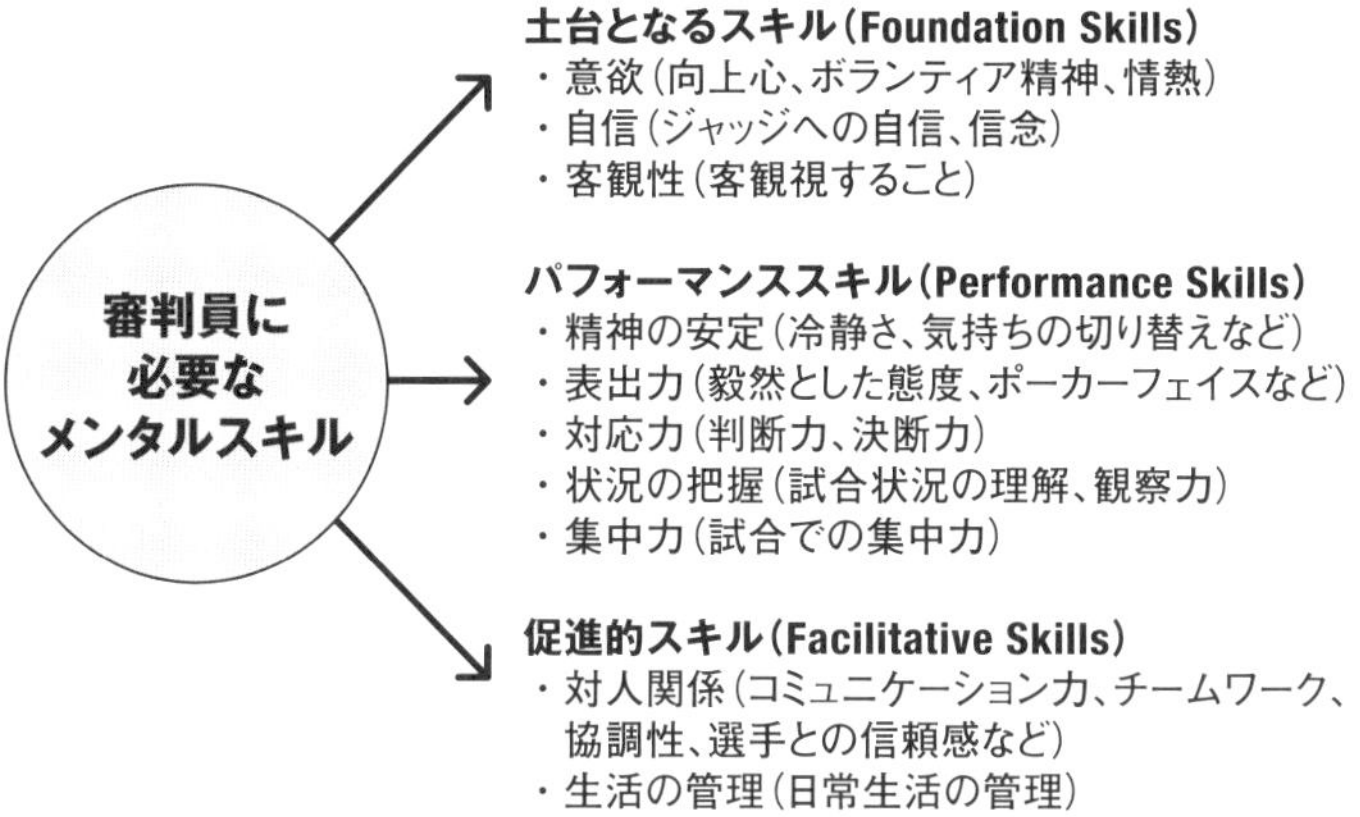
審判員に必要なメンタルスキル
土台となるスキル（Foundation Skills）
・意欲（向上心、ボランティア精神、情熱）
・自信（ジャッジへの自信、信念）
・客観性（客観視すること）
パフォーマンススキル（Performance Skills）
・精神の安定（冷静さ、気持ちの切り替えなど）
・表出力（毅然とした態度、ポーカーフェイスなど）
・対応力（判断力、決断力）
・状況の把握（試合状況の理解、観察力）
・集中力（試合での集中力）
促進的スキル（Facilitative Skills）
・対人関係（コミュニケーション力、チームワーク、協調性、選手との信頼感など）
・生活の管理（日常生活の管理）

ご覧ください。はじめに「土台となるスキル」があり、それが「意欲」「自信」「客観性」です。まさに審判員にとって幹となる部分。「なぜ審判員をするのか」「審判員としてどうなりたいのか」「まわりからどんなふうに見られたいのか」といった、いわゆる審判をするうえでのモチベーションになります。

多くの審判員は高い目標設定を置いて、そこに向かって自身のスキルを高めていきます。そのためには、資格が必要です。パフォーマンスを持続するための体力も大事でしょう。自分のパフォーマンスに自信をつけるには、成功体験も積み重ねなければいけません。そして、自信があるように振る舞うことも大切です。

次に「パフォーマンススキル」です。これは試合の中で実際に必要となる判断力や表現力、集中力などがあげられます。ルールを知っていることは大前提として、目の前で行われている状況を理解する能力など、試合でのパフォーマンスに直結するスキルのことを指します。

さらに、これらの心理的スキルを促す「促進的なスキル」があります。選手から信頼を得ながら、仲間と協力し合って試合を進めていくのです。

これら3つの心理的スキルは、どれかひとつだけ優れていれば良いというわけではありません。どれかひとつが欠けていてもいけない。すべてを満遍なく備えておくことが大切です。

年齢と身体能力

審判員の適性年齢にも触れておきましょう。

サッカーやバスケットボールの審判員は動きが多く、試合中に止まっていることはほとんどありません。

サッカーの場合、以前存在した審判資格の年齢制限はなくなりました。

ベテランの経験値を活かしながら、1試合での走行距離が10キロにも及ぶと言われているサッカーの審判員には、かなりの体力が必要と言えます。

バスケットボールの場合、S級、A級の講習会を受けるには、当該年度の開始日（4月1日現在）が満50歳未満でなければいけません。

動きはそれほど多くありませんが、高い集中力が求められるプロ野球の審判員は定年が55歳。また、「身長175センチ以上、裸眼視力1・0以上」といった採用基準があります。

すべての審判員に共通することですが、メンタルと同時に体力も必要だと言えます。

審判員の悩み

そうは言っても、**すべての審判員がはじめから完璧というわけではありません。たくさんの悩みとストレスを抱えながら審判をしているのが現状**です。

では、多くの審判員が抱えるストレスとは何が原因なのか。

そこで、国内外で活躍するテニスの国際審判員5名を対象に行った「審判員の悩み」についての聞き取り調査を紹介しましょう。

この結果をもとに、審判員が抱えるストレスの要因、つまりストレッサーを7つのカテゴリーに分けました。

ひとつずつ見ていきましょう。

①選手への対応

試合においては、紛れもなく選手が主役です。選手なくして試合は成立しません。

ところが、それが審判員が抱えるもっとも大きな悩みとなり、時には正しい判定を妨げる要因にもなります。

審判員の率直な声を聞いてみましょう。

「クレームをつけられることもあるが、審判員にとってはそれが当たり前」
「自分に有利なジャッジをしてくれとプレッシャーをかけてくる選手が、なかにはいる」
「男子の試合の審判員を女性が務めた時点でマイナスの印象を与える」
「選手から信頼を得られているかという不安がストレスになる」
「選手が集中して試合に臨めているかという責任感がある」

心当たりがある方も多いのではないでしょうか。審判員の多くはこうしたプレッシャーを受け止めるために、事前に綿密な準備をしています。

②プレッシャー

審判員が受けるプレッシャーは、次の4つに大きく分けられます。

①評価に対するプレッシャー

②メディアに対するプレッシャー
③大会の重要度から感じるプレッシャー
④観客からのプレッシャー

順番に説明していきます。はじめに、「評価に対するプレッシャー」について次の意見が得られました。

「審判をはじめた頃は、上級審判や海外から来た審判員に評価をもらうので、常にプレッシャーがあった」
「試合中は常にまわりから見られているので、キチッとしなければいけないというプレッシャーがある」

審判員も1人の人間です。**自身のジャッジに対する評価は、どうしても気になる**ものです。

テニスの試合は、ライブストリーミング用に審判台の近くにマイクが設置されることがあります。そこで話した内容は、インターネットを通じて世界中に発信されます。これは「メディアに対するプレッシャー」の一例です。

　また、テレビや新聞などの取材を受けた時は、答えたことに対して周囲から批判を受けないだろうかというプレッシャーもあるようです。

　次に、「大会の重要度から感じるプレッシャー」に関しては、「大きな大会だと緊張感が高まる」など大会によってプレッシャーの度合いが異なるといった回答が得られています。

　多くのスポーツにブーイングや野次があります。それは、選手だけでなく、審判員に向けられることも多々あります。たとえば、テニスのクレーコートの場合、ボールの跡が地面につきやすく、確認のためにそれを見に行くだけでブーイングが起こることもあります。そうした「観客からのプレッシャー」も常についてまわります。

③時間的負担

　一部のプロ審判員を除き、ほとんどの審判員が他に仕事を抱えながら審判活動を行っています。

　大会が続いた場合は何週間も連続して家を空けなければいけません。海外で大会があれば、2ヵ月近く日本を離れることもあるでしょう。移動によるストレスも生じます。そのため、活動時間にストレスを感じている人も多いと言えます。

また、週末の試合に向けて綿密に準備をして臨もうと思っても、平日はほとんどの時間を仕事に奪われてしまいます。結果的に、準備不足のまま試合の日を迎えなければならず、そこに大きなストレスを感じる人もいるようです。不眠不休で準備をすれば、逆に試合中のパフォーマンスに悪い影響を及ぼします。

④金銭的負担

審判活動をするうえで、金銭的な負担も決して小さくありません。

特に国際大会は深刻です。テニスの場合、主催者から支払われる金額はどの国の審判員も一律であることが多く、物価水準の高い日本人にとっては決して高給とは言えないことがあるからです。

国内の大会ではボランティアで審判をすることが多く、自己研修などでは交通費や宿泊費を負担する時もあります。そうした場合、夜行バスなどを利用して、できるだけ家計に負担をかけないようにしている審判員もいるようです。

当然のことながら、長時間の移動で生じるストレスは肉体的な負担にもなり、審判活動に少なくない影響を与えます。

「何のために審判をやっているんだろう」

このように、自身の審判活動に疑問を抱く方もいます。金銭的な問題は、多くの審判員の負担になっているようです。

⑤ジャッジパフォーマンス

試合中にもさまざまなストレスを感じます。代表的なものが「集中力の持続」「判定」「ミスへの恐れ」の3つ。話を聞いたすべての審判員が、こうしたジャッジパフォーマンスに関するストレスを抱えており、それが負担になっていることがわかりました。

たとえば、「集中力の持続」について。1人の審判員から「試合中は一瞬でも気を抜けばミスが出る」といった意見が出ました。当然のことながら、大会のレベルが高くなればなるほど、選手やボールの動きが速くなり、判定もむずかしくなってきます。その分プレッシャーも大きくなり、なおかつ試合を円滑に進めるために厳格な態度が必要になってきます。


「試合の1時間が長く感じる」

「ミスジャッジをした後、引きずってしまった」

こうした意見もあり、**審判員にとって「ミスへの恐れ」が大きなストレス**になっていることがわかりました。

⑥審判員同士の関係

スポーツに限ったことではありませんが、どんな世界でも仲間を思いやり、リスペクトする気持ちが大事です。

それは審判も同じ。例をあげると、テニスの4大大会であるウィンブルドンは、最大で主審1人、線審9人で行います。ところが、それだけの人間が集まると、そこにストレスを感じる人がいるのも確かです。

なかにはこんな意見もあります。

「アイコンタクトがとれない主審がいる」
「一緒にやる人によってはストレスがかかる」

傾向として、対人関係にストレスを感じているのは、若い審判員に多いようです。もちろん、そうしたお互いの立場が判定に影響を及ぼしてはいけません。チームワークが大切なのは、選手だけでなく審判員たちにとっても同じことなのです。

⑦遠征・移動

移動もラクではありません。こんな意見があります。

「遠征先で居心地が良いように過ごすために、審判の仕事とは関係のないものを持っていくこともある。その荷物の準備がストレスになる」

「時差ボケがきつく、特にヨーロッパから帰国した時は、戻るまでに1週間ほどかかる」

海外で試合がある場合、会場に到着するまでに飛行機、電車、バスとさまざまな交通手段を駆使しなければいけないことがあります。たとえ旅慣れている人であっても、それが続くとストレスになるでしょう。海外での食事は口に合わないという人もいます。

このように「交通手段」「遠征の準備」「時差」「食事」が遠征、移動のストレスの原因となります。

なぜ審判を行うのか

審判員にとって最高の名誉とはなんでしょうか。

本書の制作にあたって取材に応じてくれたサッカーの西村雄一氏が素晴らしい言葉を残してくれました。「サッカーの審判員にとって最高の名誉とは何か?」という質問に対する答えを、ご紹介したいと思います。


サッカーに限った話ではありませんが、スポーツ競技大会を行うには、競技役員、つまり直に支える人が必要です。実は、その存在を認めてもらった出来事がありました。

それは２０１６年のこと。文部科学省のスポーツ功労者顕彰において、ＪＯＣに加盟する競技団体から10名のスポーツ審判員が初めて表彰されたのです。

これによりスポーツ競技大会を支える競技役員がいかに大切な存在であるかを

認めていただくきっかけとなりました。

日本にはその競技をこよなく愛し、その競技の発展を支えていくために、スポーツ審判員という立場を志している方がたくさんいらっしゃいます。そうした人たちの力によってスポーツが支えられているということを、広く世間に伝えていただけたと思っています。

その中で、世間の注目はサッカーの審判員に集まりがちです。ですが、他のスポーツにも必要とされている競技役員はたくさんいらっしゃいます。普段は目立たなくても、その人がいなかったら成り立たないというスポーツもあるでしょう。それは審判員だけではありません。そうした支える人たちの存在を認めていただけたことを、とても誇りに思います。

審判員だけでなく、**スポーツに携わる人たちの存在価値を如実に表している言葉**だと思います。

もちろん、名誉だけを求めて審判員をしている人などいないでしょう。どこにモチベーションをおくかは人それぞれ。ある競技団体の審判員は、「年齢的にも最後のチャンス」と2020年の東京オリンピックを目標に掲げています。

共通しているのは、スポーツを支えることに喜びを感じ、選手に最高のパフォーマンスを発揮してもらうこと。最高の空間を作り出したいという目的は、すべての審判員が大切にしているところではないでしょうか。

次の章からは、審判員に求められるメンタルスキルを具体的に説明していきます。そして、その対応策も順を追って紹介していきます。

ぜひ、最後まで読んで、メンタルの強化に取り組んでください。

Top Referee Interview

トップレフェリーインタビュー01

【サッカー】

西村雄一

Yuichi Nishimura

FIFAワールドカップやJリーグなど

数多くの試合で笛を吹いてきた西村氏。

2014年のFIFAワールドカップブラジル大会の

開幕戦となったブラジルvsクロアチア戦の判定は

物議を醸したが、

その堂々たる振る舞いは話題となった。

西村氏が描くレフェリーの役割とは。

私が思っているのは、試合終了後に両チームの選手が気持ち良くその結果を受け入れてくれること。そうして、また次の試合に向かってもらう。それが究極のレフェリング。

©JFA

――単刀直入に伺います。西村さんがサッカーの審判員をする上で大切にしていることは何ですか？

西村 正直である、ということです。

――具体的に聞かせてください。

西村 レフェリーの語源である〝refer〟という言葉には、「言及する」「参照する」の他に「任せる」「委ねる」という意味が含まれています。では、レフェリーはいったい何を委ねられているのか。それは、**「事実として何が起きたかを見極めること」**です。起きた事実を、目の前で確認できるわけですから、その確認できた事実に対しては、たとえその判定がどれだけ大きな影響を与えることになろうとも、正直に見たままを貫かなければいけません。

――とはいえ、選手はいつも正直とは限りませんよね。

西村 そもそも多くの球技の特性として、騙し合いの技術を競っています。テニスであれば、ストレートに打つと見せかけてクロスに打つことがあります。バレーボールなら、強打を打つと思わせてフェイントをすることがある。サッカーでは、ドリブルで相手をかわす時のフェイントがそうです。あらゆる球技スポーツにおいて、相手の裏をかいて得点を決めるという要素が含まれています。だからこそ、**私たちレフェリーは、起きた事実を見極めなければならない。騙し合う駆け引きの中で起きた事実を見極めているんです。**そこで「選手は私たちを騙そうと思ってプレーしている」という先入観を持ちすぎると、真実を見失い正しい判定ができなくなることがあります。ですから、起きた事実が何であったかを見極める。そこを、すごく大切にしています。

――試合中は常に公正さが求められますね。特徴やタイプなど、選手一人ひとりの情報は事前に頭に入れておきますか？

西村　少しだけですね。レフェリーはどんな行為が起きたかにフォーカスを当てるため、選手の特徴やタイプを意識しすぎると先入観に影響されてしまうことがあります。たとえば、「この選手はイエローカードの累積が多いな」という情報にもいろいろな意味があります。もしかしたら、プレースタイルが荒いだけなのかもしれません。一方で、チームを救うために役割として「イエローカードになる行為を覚悟して行うこともある」という可能性も考えられます。中盤の守備的な選手ならボールを奪われた時にすばやく相手の攻撃を止めて、味方を帰陣させる目的のファウルをすることがあります。もちろんイエローカードの対象ですが、チームの危機を救うイエローカードと言い換えることもできます。つまり、**イエローカードの数でその選手の価値は決まりません。もしレフェリーが事前情報を頼りにしすぎると、その試合で初めて起きたことであっても先入観に影響されて「まただ」という間違ったイメージを持ってしまい、正しく判定できないことがある。**そうではなく、サッカーの試合中にまったく同じプレーはないので、初めて起きたことに対していかにしっかりと見極められるか。それが私たちに求められていることだと思います。

――試合中の心理状態はどのようなものですか？ あるいは、「こういう状態でいるべきだ」という理想があれば教えてください。

西村 特別なことはなく、自分自身がいつもどおりの心理状態であることを確認できるようにしています。審判員は、今までいろいろな試合を経験してきたから、その試合を任されているのです。自分から「この試合を担当したい」と思ってできるものではありません。Jリーグであれ、ワールドカップなどの国際試合であれ、すべてのレフェリーは「この試合を担当してください」と任されて、はじめて笛が吹ける。ということは、それにふさわしい実力を持っているから任されているわけで、それ以上に自分でがんばろうとすると失敗が起きるんですね。だから、いつもどおりでいればいい。気持ちを高めすぎて空回りすることもありますし、逆に落ち着きすぎて選手のテンションに合わず、うまくマネジメントができないこともある。ですから、**私たちレフェリーは、気持ちを高めて試合に臨む選手を、「いつもどおり支える」という心理状態でいること。**そういう準備をすることが理想的だと思います。

――心の波はずっと穏やかですか？　起伏はありませんか？

西村　感情の起伏は私たちも持っています。選手が盛り上がっているのに自分だけが妙に冷静だと、「どうしてそんなに他人行儀なの？」となるでしょう。選手と同じテンションではありますが、与えられた役割が違うという感覚です。レフェリーには、その試合をしっかりとマネジメントするためのテンションが必要です。試合が盛り上がりすぎている時は、落ち着かせるように対応しますし、試合がうまく進まなかったら、ちょっとテンションを上げた対応をすることもあります。**あくまでも主役は選手たちなので、それをしっかり支えられるメンタルの器が必要**なんだと思います。

――状況に合わせるということですか？

西村　そうですね。レフェリーがいつもどおりのメンタルを整えていれば、試合が急激に荒れるようなことはありません。両チームの選手たちがどういうふうにこの試合で輝きたいのかをちゃんと受け止めてあげられたら、あとは選手たちがたくさんの感動を生み出してくれる。〝支える者のメンタリティ〟という感覚です。

選手との信頼関係を作るために

――選手との距離感で意識していることはありますか？

西村　サッカーでは、素晴らしいプレーでたくさんの感動を届けるのは選手たちです。私たちレフェリーは、同じフィールドにいる仲間。感動という同じ目標に向かって協力し合う存在です。だからレフェリーは、選手たちが輝くように全力を尽くしています。

――サッカーのレフェリーをするうえで、ストレスを感じることはありませんか？

西村　私が理解しているストレスというのは、「他から与えられるもの」が多いと思っています。いろいろなストレスがありますね。試合が持っている重み、たとえばタイトルがかかった大きな試合になればそれだけでストレスになります。それに対して、私たちは、しっかりと準備しておくことが大切です。そうすれば、ストレスに負けることはありません。**プレッシャーの原因の多くは、ストレスからの準備不足からくるものです。**準備をしていなかった時に、「どうしよう」という不安がプレッシャーに変化し、本来の実力を発揮できなくなるのです。

――プレッシャーを軽減するためのトレーニングはありますか？

西村　すべて練習だと思います。サッカーのレフェリーには、選手と同じようなフィジカルコンディションが求められるというのは多くの方にご理解いただいていると思います。であるならば、**90分の試合を走り抜く体力がなければいけません。それが整ってなかったらすべてがプレッシャーになります。**あるいは、「今日は調子が悪いんだよな」という不安がプレッシャーに変わり、いつもならできる判定ができなくなってしまう。この他にも、両チームの攻撃戦術の理解が、ゲームの流れを予測する助けとなります。さまざまな角度からストレスをプレッシャーに変えない準備をして試合に臨むことが大切ですね。

――国際試合など選手が外国人の場合、準備の仕方も違ってきますか？

西村　いえ、どこの国の選手がやってもサッカーはサッカーです。選手が外国人だからと言って特別な準備はありません。選手をマネジメントする時に声をかけることがあるのですが、その国で話されている言葉で伝えると和むことはあります。あえて言うなら、それくらいですね。

――コイントスの時など、試合前にも選手と話す機会はあると思います。そういう時に言うのですか？

西村　そういう時もあります。あるいは、試合中に「大丈夫？」という言葉をよく投げかけるのですが、それをそれぞれの国の言葉で伝えます。たとえば、ファウルを受けて立ち上がれない選手に「続けられる？」とその国の言葉で問いかけると、怒りの感情が収まって「大丈夫だよ」と笑ってくれたことがありました。ほんの少しのことですが、選手のメンタルを考えた時に、私たちがかける言葉がほっとするものだといいなと思っています。英語、スペイン語、ポルトガル語などを話せる人なら、そんなことは当たり前のことかもしれないですね。

――それもひとつの準備ですね。

西村　はい。**スポーツは、人が感情を込めて挑戦することですから、その感情をマネジメントする存在が必要**です。パーフェクトに言葉を操るのはむずかしいかもしれないけど、ちょっとしたところからお互いの信頼関係が生まれますね。

感情をマネジメントする

――西村さんが担当している試合を拝見していると、いつもポーカーフェイスのように感じます。レフェリーも感情的になることはありませんか？

西村　**自分の感情をいかに抑えるかというよりは、選手に対してどうやって振る舞うかが求められています。**選手の感情が高まっている時は、それに合わせて私も感情を高めたほうがいい時もありますし、逆に落ち着いているほうがいい時もあります。どんな振る舞いで、何を相手に伝えるのか。必ずしも、いつも冷静でなければいけない、とは言い切れませんね。

――相手によって対応を変えるということですか？

西村　いえ、相手ではなく、状況による、ということです。

――それを一瞬で判断するわけですね。

西村　はい。相手の所作を見て、ここはどんな振る舞いをしたらいいんだろうと考えます。たとえば、両チームの選手同士が感情をぶつけ合っていたら、レフェリーに求められるのは仲裁の振る舞いです。でも、**選手が私に対して怒っているのであれば、まずはその怒りをおさめてもらうためにどうしたらよいのかを察します。原因は私にあるのか。それとも、ちょっとした勘違いなのか。あるいは、他の何かが原因なのか。私と選手との間で見解が違うのであれば、まずは落ち着いてもらうために時間を作る必要**があります。アンガーマネジメントという言葉がありますが、高まった怒りの感情を抑えるには少なくとも10秒くらいほしい。怒っている時にすばやく何かを言ったとしても、それはもっと相手を興奮させてしまうだけです。10秒の〝間〟を取るのはけっこうむずかしいですね。わざと遠回りをして選手に歩み寄るなど、物理的に時間をかけることもあります。「こちらに来てください」と呼んでから、「もう少しこちらにしましょう」と場所を変えることもある。そうして、歩いている間に感情が落ち着いてくれることを願っています。

――それはレフェリーとしてのスキルでしょうか。それとも、メンタルになりますか？

西村　どちらとも言えると思います。先ほどの例で「怒り」には時間をかけることが必要というのは、レフェリングスキルというよりも、**人間の感情をコントロールするには時間がかかるというメンタルの理解が必要**だと思います。本当は今ここで話したいけど、あえてこちらに場所を移しましょうというのはレフェリングスキルかもしれません。選手は歩いている数秒で、「呼ばれてしまった」と我に返り、そして「他の人はちょっと離れてください」と我々が他の選手を離れさせる仕草で時間をかけている間に、「レフェリー、悪かった」と自然と冷静になってくれるかもしれません。**その時の状況を考えながら効果的な感情のマネジメントを心がけています。**

真実を正直に伝える

――２０１４年のワールドカップブラジル大会のことを聞かせてください。主審を務めた開幕戦（ブラジル対クロアチア）で、ブラジルに与えたＰＫの判定について議論を呼びましたね。あの時は、笛が鳴った瞬間、クロアチアの選手が一斉に西村さんの元に詰め寄ってきました。あの時は、どのような状況だったのでしょうか。

西村　あの中で真実を知っている人は誰だと思いますか？

2014年ワールドカップ開幕戦でのPK判定のシーン
photo/Krassotkin CC-BY-SA3.0

――倒されたブラジルのＦＷ（フレッジ）。

西村　それと？

――倒したクロアチアのＤＦ（デヤン・ロブレン）。２人だけです。

西村　そうなんです。その２人以外は、状況だけを見て、真実を知らないでアピールにきた人たちなんです。その人たちを相手にしても混乱は収まりません。私はたった１人、クロアチアのＤＦだけを見て「ホールディング（手や腕、からだを使って相手の動きを阻止すること）だ」と言いました。他にもクロアチアの選手が何人もいましたが、「なぜだ」としか言えないんです。なぜなら、真実を知らないから。**集団で囲まれた場合は１人対複数になると収集**

がつかなくなります。だから、真実を知っている人だけをしっかりとらえて対応します。

――試合後には「誤審だ」と批判もありました。そこはストレスになりませんでしたか？

西村　あの場面で私が見極めたのは、ブラジルのフレッジ選手がシュート体勢に入ったところを、クロアチアのロブレン選手が後ろからホールディングで押さえたということです。それを世の中がどう理解するかというのは、それぞれの思惑があるからさまざまです。私が一番困るのは、**この行為を自分の目でとらえられず、事実を見逃してしまうこと。見極める技量が足りていなかったとしたら、とても大きなストレスになったと思います。**こういうシーンを、どの位置でどの角度から見たら正しく見極められるのか、ということを毎日トレーニングで練習してきて開幕戦に臨みました。その結果、自分が見極めたものに対して素直に判定することができました。**どれだけ批判を受けようとも、この見極めに後悔はありません。**

――テレビを通じて世界中の何億という視聴者が観ていたと思います。そういう視線は感じませんでしたか？

西村 その判定をした時は、一切感じなかったです。先にも言ったように、自分が見たものを正直に判断する。それに関して、その後の影響については考えません。どちらかというと、見えなかったとか、あるいは判断材料が足りなくて正しい判断ができなかったとか、そこは少なくしたいと思っています。ですが、**ファウルに見えたにも関わらず、あとで揉め事になるのが嫌だからファウルを取らないと自分に嘘をついてしまったら、その場ですぐに笛を置いたほうがいいですね。事実を見たにも関わらず、なかったことにするというのは、委ねられた者としての責任を取らないことになります。**

――少し意地の悪い質問ですが、目の前を他の選手が横切って当該プレーが見えなかった時は、どのように対応するのですか？

西村 「判断できなかった」となります。判断材料がないわけですから。なぜだと言われても、「ごめん、目の前を横切られたのでわからなかった」と。当然、選手からすれば「ちゃんと見てくれよ」ってなりますよね。ですので、レフェリーは、目の前を他の選手に横切られることも、ちゃんと予測しておかないといけないんです。選手に自分の視野を横切られそうだと思ったら、自分がもっと早く移動するのか、あるいは先に横切らせてクリーンな視界を確保するのか。選択肢はいくつかあると思います。**レフェリーにとって、事のはじまりから終わりまでをトータルで見られるような視界を確保できているかどうかが勝負どころ**ですね。それができていなければ、どんな判定をしても、「フィーリングで笛を吹いたんじゃないか」と疑われ、それは「今のプレー、見えていなかったでしょう」と、近くにいる選手が一番よくわかっています。そうすると、その判定が合っていようが間違っていようが、信頼を失ってしまうことに変わりはありません。そうではなく、本当に見えなかった時に「ごめんなさい」と正直に伝えることで、選手も「次は頼むよ」となるかもしれない。これは、それまでの信頼にもよりますね。

――その場で言うのですか？

西村　言います。たとえば運悪く、ラストタッチがわからなくてスローインを正しく判定できないことがあります。選手の怒り方で「間違ったかもしれない」と思いますが、副審とも協力して決めた判定なのでそのまま貫くことがあります。でも、「僕がいる角度からだとわからなかった、ごめんなさい」と正直に伝えることで、「次は頼みますよ」と許してもらったことがあります。もしその時に「絶対にこっちだ」と威勢を張っていたら、「絶対に違うから」って物別れに終わっていたでしょう。実際にそういう失敗が過去にありました。選手の怒り方でわかる真実もあるんです。その点で言うと、**選手の所作から真実を見抜くことができなければ、本当に正しいアプローチはできないかもしれませんね。**レフェリーも人間だというのは、選手もよくわかっています。「正直にやってくれたほうが俺たちも気持ちよくプレーできる」、もしかしたら選手も思っているかもしれない。だからこそ、正直さがとても大切なんだと思います。

試合を支える人たちの背景

――西村さんのキャリアについて少し聞かせてください。そもそもレフェリーになろうと思ったのはいつ頃ですか?

西村　私がレフェリーになろうと思ったのは高校生くらいの頃です。少年サッカーのコーチをしていました。ありがちな話ですが、レフェリーが判定を間違えて、それによって教えている子どもたちが悔しい思いをしたんです。それでは困ると思い、じゃあ自分が吹いてみようと思ってはじめたのがきっかけです。あとでわかったことですが、サッカーのコーチは自分のチームの選手を輝かせるために全力を尽くします。レフェリーも同じで、両チームを輝かせるために笛を吹いている。結局、支える者としての立ち位置は一緒だったことに気づきました。

――最初はサラリーマンをやりながらアマチュアの試合で笛を吹いていたそうですね。将来的にレフェリー1本で生きていくという覚悟はあったのでしょうか?

西村　私がサラリーマンをやっている時は、プロの制度がまだありませんでした。プロのレフェリー制度ができて3年目にプロレフェリーの道を選びました。普通にサラリーマンをやりながら好きなサッカーに携わってきて、急にレフェリーのプロができ、その中で声をかけていただいたので転職しました。プロのレフェリーがあるからはじめたわけではありません。その点で言うと、時代によってレフェリーを目指す人の背景は違ってくるのかな、と思います。

――支える者としての思いがありつつ、何をモチベーションにしてここまで続けてこられたのでしょうか?

西村　続けてきてよくわかったことがひとつあります。サッカーが好きで、選手の活躍を支えたいという想いでやってきました。今、日本代表選手の多くが海外のクラブに移籍してがんばっていますね。その実力が認められたわけですが、彼らはその前にJリーグで活躍しており、私とも一緒にやっているわけです。ということは、**選手が1歩1歩、夢を叶えていくなかで、私もその1ページに居合わせたことになります。**

——責任もありますね。

西村　はい。私がひとつでも判定を間違えると、彼らの運命を変えてしまう可能性がありますからね。その責任に魅了されたのだと思います。プロの世界だけでなく、少年サッカーでも同じことが言えると思います。その少年たちの夢を変えることなく、直に支えたという想いがレフェリーの醍醐味だと思います。

——西村さんがプロのレフェリーとして笛を吹くようになった頃、参考にしたレフェリーの方はいますか？　あるいは、どうようにしてレフェリーのスキルを身につけていったのでしょうか？

西村　さまざまな先輩レフェリーのパフォーマンスを見て参考にしてきました。そのうちに先輩の真似ではなく、自分の判断が大切だということに気づいてからは、自分の見極めるコンセプトを磨くことに努力しています。なぜなら、誰かを真似ても、その人にはなれません。サッカーも同じで、**似たようなシーンはあっても、すべてが新しいシーンなんです。似ているからといってコピー&ペーストで判定しても、誰も納得はしてくれません。そうではなく、正しいコンセプトのもとに一つひとつ判断をしていくことが大切**だと気づき、自分のレフェリングを確立していく必要があると考えるようになりました。

――たとえば、複数の人が集まってひとつの事象について議論するグループディスカッションのようなものもするのでしょうか。

西村　もちろんします。みんなでディスカッションをすると、それぞれの人がどの位置から判断するかによって見方は変わってきます。距離感もあるし、他の選手が目の前を横切るかもしれない。あとは、スピードや激しさ、タイミングなど見極めるポイントがいろいろあります。このレフェリーは現場でそう判定したかもしれないけど、この位置から見ていたらより事実に近いものが見えていたかもしれない。そうやってみんなでディスカッションをして自分のコンセプトに活用するのは有益だと思います。ですが、稀にあることですが、そのディスカッション映像を頭に入れて、似たようなことが起きた時に頭の中を検索して探し出し、「前にもあった、これだ」と思って当てはめるようなレフェリングではうまくいきません。そうではなく、**レフェリーに求められているのは、その事象を見極めるコンセプトに基づいて、自分で結果を導き出すことです。そこに気づくか気づかないかで、レフェリングも大きく変わってくる**と思います。

——**自分の判断が大事ということですね。**

西村　はい。起きた出来事を、自分でどう判断するかですね。**レフェリーは自分から出来事を起こすことはありませんから。**何も起きなければ私たちが登場する機会はありません。ワールドカップブラジル大会の開幕戦にしても、あのシーンがなかったら私はあまり記憶に残らないレフェリーだったと思います。あのシーンだって、私が起こしてくれと言ったわけではありません（笑）。つまり、**レフェリーの判断は、すべてが事後処理**だということ。だからこそ、事前にできる限りの予測をして、判断するための準備を整えておく必要があります。

勝敗にレフェリーはいらない

——**審判員として自信を持てるようになったのはいつ頃ですか？**

西村　２０１０年のワールドカップ南アフリカ大会でレフェリーを務めるために、２００７年頃からＦＩＦＡ（国際サッカー連盟）の選考が始まったんです。そのあたりが私にとって、自信を持ってレフェリーをやってもいいんだと思うようになった時期だと思います。なぜかと言うと、そこに自分の名前があがったということは、それだけの実力があるからだという考え方に変わったからです。誰かが私のレフェリングを見て推薦してくれた。ということは、その人の期待に応えられるように自信を持って堂々としているべきだ、と思うようにしました。そのステージに上がるには、それ相応の理由があると考えました。

――評価を受けとめるということですね。

西村　はい。希望したからといって、誰でも上がれるステージではありません。日本の誰かが私のレフェリングを推してくれた。そして、ワールドカップのプロジェクトに参加する時も、アジアの誰かが私のレフェリングを推してくれたのです。レフェリーをサポートしてくださる方もたくさんいて、そういう人たちの支えによってワールドカップのピッチに立てたのです。

――そういう思考は、審判員としても心の拠り所になりそうですね。

西村　どんな仕事でも同じかもしれませんが、うまくできるようになるには失敗をしないといけません。**うまくいかなかったからこそ、真剣に改善策を考えてその失敗を乗り越える。**なかなか自分で改善策が見つけられない時こそ、支えてくれる方と一緒に見つけ出し、先人の経験を継承しともに成長する。失敗を繰り返さない術を知っているのが経験豊富なベテランであり、**失敗に対して真摯に向き合った結果の改善策が成長という形**になって表れるのだと思います。

――それが自信につながります。

西村　そうですね。自分を信じて失敗を恐れずに、たくさんチャレンジした人のほうが良い結果を残しますね。たとえその時に結果が出なかったとしても、チャレンジした結果の失敗であれば、改善策を考えることができます。チャレンジしなければ、いつまで経っても一歩が出ない。今の社会において、「失敗してもいいんだよ」とはなかなか言われませんが、とても大切なことだと思います。

――特に審判員にとっては大切なことかもしれません。

西村　はい。失敗は必要ですね。たとえ失敗しても、まわりの人は「気にするな」ってすごくサポートしてくれます。その失敗をしたからこそ、気づくことがあることを知っているからです。もちろん、私たちの失敗は、選手の運命を変えてしまうという側面があります。それを防ぐためには良い準備と練習が必要です。公式戦だけではなく、たとえば練習試合などでチャレンジして、レフェリーに必要なスキルを身につけることも必要です。

――西村さんにとって、いいレフェリング、悪いレフェリングとは？

西村　私が思っているのは、**試合終了後に両チームの選手が気持ち良くその結果を受け入れてくれること**です。そこにレフェリーの存在はなくていいと思っています。勝敗にレフェリーはいりません。**そうして、また次の試合に向かってもらう。それが究極のレフェリング**ですね。

――これから審判員を目指す若い人、あるいは現役でがんばっている人には、どんなふうになってもらいたいですか？

西村　まずはしっかりとした社会人であることですね。そのなかで、「あの人、なんか頼りになるね。スポーツの審判員をやっているんだ。じゃあ、任せられるね」というような、まわりから信頼される人材となることが、各競技団体のスポーツ審判員に求められていることだと思います。そうすることで、「何を任せても最後までやり切ってくれるよね。責任感があるね。なるほど、さすが審判員だね」と、そういう会話が当たり前になるといいですね。まずは1人の人間として自立し、社会に貢献していること。そして、**リスペクトあふれる人間性で、選手だけでなく、さまざまな人やその人たちの夢を支える。**そんな存在になってほしいです。

Profile

西村雄一（にしむら・ゆういち）

1972年4月17日生まれ、東京都出身。2004年からプロフェッショナルレフェリーとして登録。以後、2007年に開催されたFIFA U17ワールドカップでは日本人初となる決勝戦の主審を務めた。2010年FIFAワールドカップ南アフリカ大会では4試合で主審を務め、2014年FIFAワールドカップブラジル大会では開幕戦の主審を務めた。同年、国際審判員を退任し、現在はJリーグのプロフェッショナルレフェリーとして活躍している。

Chapter

2

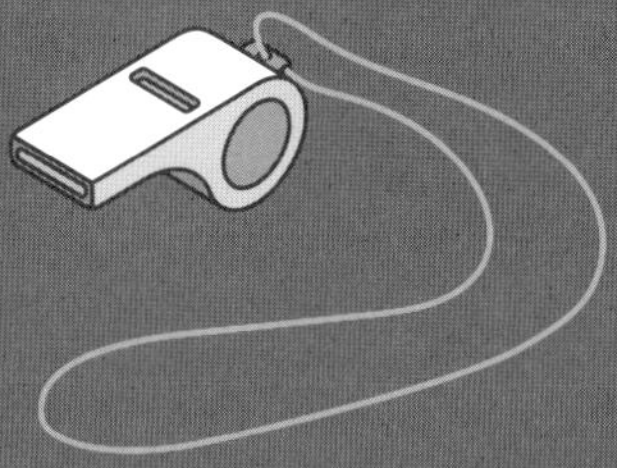

審判員に求められるメンタルスキル

審判員としてレベルアップをするためには、審判スキルだけではなく、試合に挑むまでの心構え、試合中の判断力、対人関係などメンタルスキルの向上が必要不可欠です。審判員に求められるメンタルスキルを項目別に説明していきます。

目標設定

前の章で、スポーツ審判員が抱えやすい悩みやストレスについて説明しました。コートやピッチの上でどれだけ毅然と振る舞っていても、みなさん、どこかしらに不安を抱えているものです。

それは、トップレフェリーだけに限った話ではありません。むしろこうした不安は、アマチュアレベルや子どもの競技大会で審判員をしている方のほうが大きいのではないかと推測します。審判をすることに喜びを見出せず、「どうして審判員をやっているのだろう」と疑問を感じてしまう。そのうち審判員を続けていくのが嫌になってしまうかもしれません。

それは、**スポーツ界にとって大きな損失です。繰り返しになりますが、審判員がいなければスポーツは成立しない**のです。

ここからは、もう一度、モチベーションを上げるためにも、審判員に求められるメンタルスキルについて話していきます。

はじめに、みなさんは審判員をするうえで、どこに目標を置いているでしょうか。目標の置き方は、アスリートも審判員も一緒です。〝夢〟と置き換えてもいいでしょう。オリンピックに出ることが夢だというアスリートがいれば、プロになることを目標に掲げている人もいます。高校の部活でレギュラーになるためにがんばっている人もいる。もちろん、目標は人それぞれ。何でもかまいません。

大事なのは、目標を立てること。そこから「今、何をやらなければいけないか」という意欲につなげていくことです。

高い目標を持つ――。

審判員のメンタルスキルを向上させるためには、はっきり言えばここが一番大切です。

審判員にとっては土台となる部分。目標がなければ、向上心も芽生えません。まずは自分の目標を掲げることからはじめましょう。

クリアしやすい目標を掲げる

では、どこに目標を置けばいいのか。何でもかまわないと言ったものの、ある程度の動機づけはあったほうがいいと思います。

ひとつは、審判員の資格に目を向けてみてはどうでしょうか。どの競技団体にも公認審判員の資格があり、担当できる大会のカテゴリーによって種類が分けられています。まずは自分の実力に合わせて目指す階級を設定し、そこから徐々にレベルアップしていくといいでしょう。

たとえば、日本テニス協会の資格を有する審判員は、A級2名、B級約560名、C級約3900名がいます。それに加えて、国際テニス連盟公認の審判員がいます。この国際審判員は現時点で国内に数名という狭き門ではありますが、そこを目標に掲げるのもすばらしいチャレンジだと思います。

また、資格だけでなく、**自分自身のパフォーマンスに焦点を当てる**という方法もあります。

「こういう時はこんなジャッジをしよう」
「うまく選手をコントロールできるようになろう」
「前回よりもスムーズに試合を進行させよう」

はじめはハードルを下げておいて、クリアしやすい目標を設定してもいいでしょう。とにかくそういう目標を持つことが重要で、試合に臨む際のモチベーションが大きく変わってきます。

憧れ、あるいは一流の審判員をお手本にすることも、目標を高く持つ方法のひとつです。みなさんが若い頃にもあったのではないでしょうか。大好きなアスリートを目指して厳しいトレーニングを乗り越えていったことが。まさにアスリートと同じ考え方です。

目標を設定し、自信と意欲を高めるにはワークシートを書くことも効果的です。詳しいことは110ページから説明しますが、大事なのは、長期、中期、短期の目標を設定し、ひとつずつ目標をクリアしていくこと。今からでもはじめられることなので、思い切ってチャレンジしてください。

自信

はじめから自信満々で審判員をしている人はいません。誰もが成功と失敗を繰り返すことで、徐々にメンタルスキルを高めています。

トップレフェリーを対象にした聞き取り調査によると、こんな意見が出てきました。

「自分の経験の中でやってきたこと、見てきたことを出すしかない。100パーセントの確信がなければ笛を吹かないという気持ちでやっている」

「審判員にとって何よりも必要なのは自信。**目の前で起きたプレーが反則か反則ではないかを見極めるのも自信。**それが、安心につながる。自信は自分にとって拠り所と言える」

つまり、**自信を持って判定することがジャッジパフォーマンスに良い影響を与**

える、ということです。

審判員が自分の役割をうまくやり通すには何が必要か。ある研究者は、審判員の自信に影響を及ぼす要因として次の5つを挙げています。

・成功体験
・審判の知識
・他者からのサポート
・心理的・身体的準備
・不安の低減

自信を向上させるのは簡単ではありません。審判員としての成功体験を蓄積し、ルールなどの知識を常にアップデートし続ける必要があります。また、自身を評価してくれる人からのフィードバック、心理的な準備も大切です。体調管理も欠かせません。過緊張の状態、つまり「あがり」の状態だと試合中のパフォーマンスも低下するでしょう。**さまざまな心理的要因をコントロールし、自信を持って日々のタスクを遂行していくこ**

とが重要です。

試合会場にいる時、堂々とした立ち居振る舞いを心がけているでしょうか。選手から説明を求められた時は、相手に伝わるようにはっきりと話し、毅然とした態度で接する。それだけで相手に与える印象は大きく変わります。

その結果、審判員としてのメンタルスキル向上にもつながっていくのです。

感情のコントロール

スポーツの試合を見ていると、審判員の落ち着いた態度に感心させられることがたびたびあります。

たとえばサッカーやバレーボールの場合、判定を不服とする選手が「なぜだ！」とばかりに両手を広げて審判員に詰め寄ってくるシーンがあります。なかには、ベンチやスタンドからのクレーム、野次もあるでしょう。そんな時も、審判員は慌てる素振りさえ見せません。対象となる選手の目をじっと見て、冷静に対応しています。

なぜ、あれほど冷静でいられるのか。ある競技で20年のキャリアを持つ審判員に聞いたところ、このような答えが返ってきました。

「選手は勝つために必死になってプレーしている。ひとつの判定に対して不平

不満が出るのは当たり前。それによって、ストレスを感じることはない」

それでも、その審判員も若い頃は、選手に対して「何でわかってくれないんだろう」という思いがあったと言います。そんなネガティブな思考も、審判員としての経験を重ねていくに従って、試合を客観的に見られるようになりました。クレームを受ける覚悟もでき、選手から受けるストレスもなくなったそうです。

他の審判員からはこんな意見も出ました。

「選手がヒートアップしている時は心の距離を置き、冷静でいるように努める」
「試合中に何が起きても、自分の気持ちを冷静にコントロールできる力を持つようにしている」

どんなスポーツであれ、試合中は「平常心」「集中力」「冷静さ」が必要だと言えます。

気持ちの切り替え

感情をコントロールしなければいけない場面は、他にもいくつかあります。

大切なのが気持ちの切り替えで、ミスジャッジをしても「その後のジャッジに影響が出ないように気持ちを切り替える」ことが重要です。

たとえば、思いがけないことが起こった時。あるいはミスをした時も、すぐに冷静さを取り戻さなければいけません。ミスを引きずっていると、あっという間に試合は終わってしまいます。さらに深みにハマるようなミスジャッジを起こしてしまうこともあるでしょう。

選手が言い寄ってきたため、思わず感情的になってしまうこともあると思います。審判員も人間ですから、ひどいことを言われたら、言い返したくなるでしょう。

ですが、審判員には我慢も必要です。そんな**怒りを鎮めたい時に効果的なのが「アンガーマネジメント」**。一般的に怒りのピークは、長くて6秒と言われており、この間に深呼吸をするなどしてやり過ごす方法です。

ゴルフのタイガー・ウッズも「アンガーマネジメント」を活用していますが、彼の場合、少しやり方が違います。たとえば、ミスショットをしてカッとなった時は、「10秒だけ怒ってもいい」というものです。そして、10秒経ったら、パッと気持ちを切り替えて次のプレーに移る。そういう**決まり事を自分の中で設定して、感情をコントロール**しているそうです。

ポジティブな言葉を自分に語りかけるセルフトークも有効な手段です。

詳しいやり方は第3章でも説明しますが、例をあげて言えば**選手がクレームを言いにきた時に、「大丈夫」「うまく対応できるよ」と、自分自身にプラスの言葉をかけます。**このセルフトークは、メンタルトレーニングでもよく使われる方法です。

公正なジャッジをするために、選手との距離の取り方を意識している審判員も多いようです。審判員も人間ですから、あまり距離が近すぎると判定に情が入ってしまう可能性があります。もちろん、選手との距離感によって判定に偏りがあってはいけないのですが、疑いを持たれる可能性も排除しなければいけません。

選手とコミュニケーションを図り、信頼関係を築くためにも、審判員には感情をコントロールする力が必要です。

表情、態度

審判員には、ポーカーフェイスを保ち、毅然とした態度を取ることが求められます。

もちろん、ミスを出さないことは大前提ではありますが、多くの審判員から**「ミスをしたことは表情に出さない」**という意見があがりました。

「ミスをしたからといって、誰かに違和感を与えるような、偏った表情はしないことを心がけている」

「このワンプレーで勝敗が決まりかねないという状況ではポーカーフェイスを心がけている。そこでヘラヘラすると、変に誤解を招いてしまうから」

「ミスジャッジをした時は表情に出さない。いかなる状況であっても、自分がどんな心理状態なのかを、選手や観客に悟られたくない」

ポーカーフェイスや毅然とした態度が必要なのは、何もトップレベルの試合だけではありません。たとえ相手が小学生であっても、選手は真剣そのものです。審判員のちょっとした表情の変化や気のゆるみを見逃してはくれないのです。

サッカーの国際大会で主審を務めた経験を持つある審判員は、**「弱さを見せたり、たじろいだり、迷う姿を見せたら、選手はその審判員を信用しなくなる」**と話しています。

表情を変えないのは、選手やチームスタッフ、観客からの誤解を招かないようにするという理由がほとんどのようです。

これはサッカーに限らず、他の競技種目でも同じではないでしょうか。**選手から信頼を得るためには、審判員はどんな状況であってもポーカーフェイスを保ち、毅然とした態度**で振る舞うことが望まれます。

では、みなさんは、自分にとってのポーカーフェイスがどんな表情かご存知でしょうか。気がつかないうちに、気持ちの変化が表情に表れることはよくあるものです。

試しに鏡を見て、そこでポーカーフェイスを作ってみましょう。果たしてそれが第三者から見た時にポーカーフェイスになっているか。

「こんな場面では、こんな表情をしているかな」いろいろな状況をシミュレーションしながら、鏡の向こうの自分に向かって表情を作ってみてください。相手に好印象を与える効果的なトレーニングです。

判断力

審判員に必要なメンタルスキルのなかでも欠かすことのできない「判断力」。これは、「予測力」や「対応力」、「状況を把握する力」などさまざまなカテゴリーに分けることができます。たとえ相手に嫌がられても、困難な問題を解決する「決断力」もなくてはいけません。

トップレフェリーの場合、状況を把握するという点で言うと、**試合の流れや観客の行動など、周囲の情報をいち早くキャッチすることに主眼**を置いているようです。

テニスの審判員に「判断力」について聞いたところ、こんな答えが返ってきました。

「選手が考えていることをできるだけ早くキャッチするようにしている。**目の動きなどのリアクションを見ながら、選手がストレスを感じているのか、あるいはそうでないのかを知る必要**があるから」

「今、何が起きているか、そして、何が起きるのか。**情報をいち早く知る必要がある。**

選手の心理面、内面の状況を把握することも大切」

「自分よりも**資格が上の人の試合を見て、状況を細かく評価**する」

「先に選手の考えを把握しておかないと、次に何か起こった時に『どうしたの？』とパニックになってしまう。**選手の性格をあらかじめ知っておく**ことも重要」

大切なのは、選手が快適にプレーできるように、試合をコントロールしているという自覚を持つこと。こうしたメンタルスキルが、円滑でスムーズな試合進行につながると言えそうです。

天候や環境を見て適切な状況判断

また、状況を把握し、判断する能力はトップレフェリーだけに求められるものではありません。これは特に、小学生年代の子どもを預かる審判員、コーチにも必要なメンタルスキルと言えるでしょう。

近頃は、夏になると気温が35度を超える猛暑日が各地で報告されます。どんな競技種目であっても、夏場の運動は危険と隣り合わせです。サッカーや野球はもちろん、バレーボールやバドミントン、卓球など屋内で行われるスポーツも例外ではありません。

たとえば、35度を越える酷暑の中で、本当に試合を続行させてもいいのか。あるいは、どのタイミングで子どもたちに水を飲ませたらいいのか。子どもの顔色を見ながら「大丈夫？」と声がけをする必要もあるでしょう。雨が降ってきそうだと思ったら、試合にどれくらいの影響があるのかを予測しなければいけません。子どもは、自分で判断することができないのです。

熱中症やスポーツ障害などの知識を深めておくことも重要です。子どもの命を守るという観点からも、レフェリーの判断力は不可欠です。

詳しいことは135ページから説明しますが、判断力を向上させるにはイメージトレーニングが有効です。ビデオを見ながら対象となるプレーが出たところで止め、「この場面ではどう判断するべきか」を数人でディスカッションします。

どんな状況が訪れても落ち着いて判断できるように、自分の中の引き出しを増やしておきましょう。

集中力

試合でのパフォーマンスにつながる「集中力」についても触れておきます。

男子テニスの場合、試合時間は長くなると3、4時間もかかることがあります。とはいえ、実際にプレーしている時間は、1ポイントにつき平均で6秒。ラリーが長く続いても、20秒程度です。つまり、テニスの試合では、実際にプレーしている時間よりも、ポイントとポイントの間の時間のほうが長いことがわかります。

バレーボールも、タイムアウトやセット間を含めると中断の多い競技です。1回のラリーの時間は5秒から20秒で、ボールがコートに落ちてから審判員が試合再開の笛を吹くまではおよそ8秒間あります。実際にボールが動いている時間は試合時間の4分の1にも満たないと言われています。

そのため、審判員にとっては、**細かなオンとオフを繰り返しながら、いかに集中**

力を保つかがポイントになります。

「集中が乱れた後に、自分なりの方法で回復させることができた」

「反省は試合が終わってからするようにしている。**試合中は目の前の仕事に集中**している」

各競技種目の審判員を対象に行ったアンケートからも「集中力」に対する関心が高いことが伺えます。

テニスの審判員からはこんな回答も得られました。いくつか紹介しておきましょう。

「大きなスタジアムで試合が行われる時は、テレビの中継が入ったり、会場の大型モニタにスローモーションが映し出されたりする。そのため、ミスジャッジがないように集中力を高めている」

「**試合が競っている時は、自然と集中力も高まる。逆に一方的な展開になると、余計なことを考えて集中力を欠いてしまう**ことがある」

「締まりのないプレーが続いている時は、自分自身に『集中!』と言い聞かせている」

特にミスジャッジをした後に集中力を取り戻すのが大きな課題で、**心の動揺を早く消し、気持ちを切り替えることが重要**だと報告されました。

気持ちを整理するシンプルなルーティンを取り入れる

ルーティンを持つことも、短い時間で気持ちをコントロールする有効な手段です。たとえばテニスなら、90秒のチェンジコート時、あるいは120秒のセット間に気持ちを切り替えるルーティンを行います。

いくつか例をあげます。

・20秒間、肩を回す
・スコアボードに視線を向ける
・客席をぐるりと見渡す
・空（天井）を見る

他にもたくさんあるので、自分なりの方法を考えてみてください。ポイントは、複雑なルーティンは避け、シンプルなものにすること。気持ちのコントロールが目的なので、プレーの直前にできる簡単な動作でかまいません。

また、天気や他者など自分でコントロールできないものをルーティンにすると、それを達成できなかった時にかえって混乱します。たとえば、ルーティンを「昼食におにぎりを食べる」にすると、買い忘れた時や売っていなかった時に慌ててしまうのではないでしょうか。

できるだけシンプルで長く続けられるものをルーティンにするのがコツです。

対人関係

ハンドボールは2名のレフェリーが同等の権限を持っており、違反に対する罰則の重さについて両者の見解が異なった場合は、重いほうの罰則が適用されることになっています。また、どちらのチームがボールを所持するかについての見解が分かれた場合は、協議の末に合意に至った判定が採用されます。

このことからも、ハンドボールの審判員においては、対人関係やコミュニケーションスキルがとても重要だと言えます。

ある調査によると、ハンドボールの審判員からこんな報告がありました。

「審判員としての立場は同じでも、誰と組むかによってはストレスになることがある。気難しい人や、ズバズバとものを言う人もいる。逆に、上手な人と組むと、ルールは同じはずなのに『今のはどうして笛を吹いたの？』と思うことがある」
「苦手な人とペアを組む時は、できるだけ相手の言うことを聞くようにしている」
「相手の基本的な性格を把握していれば、相性はそれほど気にならない。**試合中はヘッドセットをつけることもあり、お互いの言葉が必要以上に入ってくるとストレスになる**ことがある」

ハンドボールを例にあげるまでもなく、スポーツのほとんどが1人の主審と複数の審判員によって試合が行われます。**試合を円滑に進めるためには、選手とのコミュニケーションと同様、審判団のチームワークが不可欠**です。みんなで協力し合いながら仕事を進めなければいけません。

その意味では、審判員に求められるメンタルスキルの中でも、コミュニケーションスキルは特に重要視されるべきと言えるでしょう。

選手から信頼を得るためには判定に正直になる

また、対人関係という大きなくくりの中には、「選手との信頼関係」も含まれます。

選手から信頼を得るには、とにかく自分の判定に対して正直になる、ということが第一です。そのうえで、選手から説明を求められたら、しっかりと答えを出す。そうした心がけは、トップレフェリーだけでなく、町内のスポーツ大会を担当する審判員にも同じことが言えます。一度でも、選手から「公正さを欠いている」と思われたら、信頼を回復するのは簡単なことではないのです。

ちょっとした話し方の違いでも、相手に与える印象は大きく変わります。イメージしてください。たとえば、胸の前で腕を組んだ人に話しかけられると、どのような印象を受けるでしょうか。大抵の人は、そこに目に見えない壁を感じることでしょう。ついつい腕を組んでしまうという人は、日頃から気をつけておきたいものです。

また、対人関係の心理的スキルを高めるには、リラクセーションや非言語を使ったトレーニングをおすすめします（P109～参照）。審判員だけでなく、学生やサラリーマンのように日頃から他人とコミュニケーションを取る機会が多いという人は、ぜひ試してみてください。

生活の管理

審判員にとっては、生活の管理も大事なテーマです。少しメンタルから離れますが、これも審判員としてのパフォーマンスアップを促す重要な要素なので説明しておきます。

競技種目によっては、選手より激しい動きが求められる審判員もいるので、日頃から健康に留意する必要があります。体力がなければ集中力を保つこともできません。

たとえば、国際大会やJリーグの試合を担当するサッカーの審判員には、定期的に体力テストが行われています。

具体的には、40メートル走を90秒おきに6本、すべて6秒以内（カテゴリーによって基準は異なる）で走ります。その後、50メートルを30秒で歩き、１５０メートルを30秒で走る。このインターバル走を20セット行います。

これらがクリアできなければ、ピッチに立つことはできません。実際に試していただければわかると思いますが、非常に厳しい条件です。

健康的なからだづくりとともに、審判員には豊富な知識も求められます。各競技種目のルールは毎年のように更新され、必要な知識も日々、アップデートしていかなければいけません。次の試合に向けて、当該チームや選手をスカウティングする必要もあるでしょう。そうした審判員の勉強熱心な姿勢が、多くの人からの信頼を生むのです。

逆に、時間にルーズな人――、日頃から遅刻を繰り返すような人に、大事な試合の審判員を任せられるでしょうか。審判員としてだけでなく、1人の人間としての社会的な常識もなくてはいけません。

さて、第2章では審判員が常に向き合っているメンタルスキルについて、項目に分けて説明してきました。すでに審判員として活躍されている方にとっては、心当たりがあることも多かったのではないでしょうか。トップレフェリーに限らず、アマチュアレベルの試合を担当する審判員の方にとっても、参考になる話はあったと思います。

第3章からはいよいよ、メンタルスキルを身につけるための具体的なトレーニングを紹介していきます。審判力を高めるメンタルを向上させ、実際のパフォーマンスにつなげましょう。

Top Referee Interview

トップレフェリーインタビュー02

【バスケットボール】

加藤誉樹

Takaki Kato

日本バスケットボール協会に公認された

初のプロレフェリーである加藤氏。

国際経験も豊かでその将来性を見込まれ、

レフェリー界の新リーダーとして期待されている。

その加藤氏が万全の体制で試合に臨むために

モットーにしていることとは。

同じ時間帯、同じ選手同士、同じ得点差、同じ会場では二度と起こらない。二度と起きないプレーを正しく判定し、正しく試合を進めていくために、何に着目してどう取り組んでいくか。

©JBA

――基本的なところから聞かせてください。日本バスケットボール協会（以下・JBA）の公認として初めてのプロフェッショナルレフェリーになられた加藤さんですが、そもそも審判員になろうと思ったのはどうしてですか？

加藤　もともとは、私も選手として活動していました。両親が元日本代表選手で、生まれた時から身近なところにバスケットボールがあったんです。もちろん、将来の夢はバスケットボール選手。ところが、大学2年の時に、ひざのケガをきっかけに学連（全日本大学バスケットボール連盟）で大学バスケットボールの運営をする側に回りました。つまり、選手としては引退したことになります。そこで、先輩から「審判をやってみないか」と勧められました。選手としては道半ばで、もっと長く続けたかったという想いもありましたが、審判員としてもう一度、コートに立つきっかけをいただけたと思っています。

――ケガとはいえ、選手として第一線を退くのは非常につらい決断だったと思います。特に若い時に選手から審判員への転向となると、気持ちの面で抵抗はなかったでしょうか？

加藤　中学時代の顧問など、かねてから審判員をやっていらっしゃる方との接点がありました。ですから、思った以上に抵抗はなかったです。むしろ、実際に審判員としてバスケットボールに携わってみると、**「こんな角度の関わり方があるんだ」と感じる**

くらい専門的な世界がそこにはあった。生まれてから20年、ずっとバスケットボールに触れてきたにもかかわらず、初めて知ったことがとても多かったんです。そこを突き詰めていきたいと感じたのが、審判員としてのスタートでした。

――審判員を見る目も変わったのではないですか？

加藤　そうですね。選手だった頃の私にとって、審判員というのは不満があって初めて目に入ってくる存在でした。正直なところ、審判員の存在にあまり注目していなかったんです。

――審判員の大変さも知ったわけですね。

加藤　バスケットボールの試合はだいたい1試合2時間くらいです。ですが、審判員もその2時間だけバスケットボールをやっているわけではありません。私は今、Bリーグに携わっていますが、試合がない月曜日から金曜日にかける準備の時間も、それぞれのクラブに所属する選手と少なくとも同じくらいのエネルギーを注ぎたいと思っています。審判員がこんなにもいろいろなことを考えてコートに立っているんだという視点は、選手時代にはなかったところです。

1人ですべてを判定するわけではない

――ひとつの試合に臨むにあたってたくさんの準備をされていると思いますが、特に意識していることは何ですか？

加藤　頭に「？（クエスチョンマーク）」を持った状態でコートに入らないことです。もちろん人間ですから、完璧はありません。ただ、自分の中で答えを持っていない状態をできるだけ排除してコートに入りたいと思っています。具体的に何をしているかというと、ひとつは選手やチームの特徴の分析、いわゆるスカウティングですね。それから、一緒に審判をするパートナーとの約束事や動き方の確認。あとは、ルールの理解です。そこに曖昧な部分があると、どうしてもコートでの立ち居振る舞いも自信なさげになってしまう。ですから、**試合前は考え得る不確定要素をできるだけ消すことを意識して準備しています。**

――バスケットボールの審判員は3人一組で行われます。どのようにしてお互いの関係性を高めていますか？

加藤　Bリーグに関してお話をすると、審判を行う3人は、試合の前日に現地に入ることになっています。そこで3人が集まって、チームのスカウティングや試合中の約束事、ルールの確認、基本的なところを含めて2~3時間程度のミーティングをします。パートナーにホテルの部屋にお越しいただいて、テレビにパソコンをつなぎ、パワーポイントや映像を見ながら**共通理解を高めていく**という感覚です。私が一方的に話をするというよりは、他の2人にも積極的にしゃべっていただくので、密度の濃い確認ができていると思います。そして、試合が終わったら、その映像を元にまた2~3時間かけて分析します。そうやって次の試合に向けて備えるということを、現在のBリーグでは行っています。

――3人のコミュニケーションがとても大事ですね。

加藤　バスケットボールの場合、対戦するAチームとBチームがあって、そこに私たちCチームがあると言われるくらい、レフェリー同士のチームワークはとても大切です。うれしいのは、私が見えなかったプレーに対して、何事もなかったかのようにピッと笛が鳴った時。本当にありがたいですね。

――パートナーとの相性がストレスになることはないですか？

加藤　それはありません。ただし、約束事を確認しておかないと、どうしても試合中にうまくいかなくなることがあります。そのため、私は平日の5日間に、次に担当するパートナーの前節のゲームもチェックして臨んでいます。平日の5日間で少なくとも10試合は見ることになる。自分が担当した前節の2試合。次節で担当する2チームの前節を2試合ずつ。パートナー2人の前節の試合を2試合ずつ。計10試合です。同一シーズンに同一カードの対戦があればそれも見ますから、シーズンが終盤になるにつれて必然的に見る試合は増えてきますね。

――しっかりチェックしながらだと、1試合を見るのに3〜4時間はかかりますよね。

加藤　それくらいはかかります。ここ数年は、それ以外のストレスへの対処法も整いつつあり、試合前の精神的な不安はほとんどありません。**バスケットボールのレフェリーは3人で行うので、コートの中でできる具体的なことも1人につき約33パーセント**だと思っています。私が1人ですべてを判定するわけではないんです。今は、精神的な悩みがなく、不安な状態もなく、目の前で起きたことに対して適切に対応できる状態を、パートナーのレフェリーにも一緒に作ってもらうことが大事だと思っています。

――パートナーをリスペクトすることも大事ですね。

加藤　年齢をみると、一緒に担当する審判員は、私よりも年上の方が多いです。ありがたいことに、みなさんが年下の私をクルーチーフとして立ててくださいますし、先輩として助けてくださいます。逆に言うと、年齢に関係なく、それぞれのレフェリーが活躍できる環境をＪＢＡにも整えてもらっている。そこは本当にありがたいですね。パートナーをはじめとする関係者、チーム、選手、そしてお客様を含めて協力してもらい、自分の仕事が成り立っていると思っています。

――バスケットボールは試合中、選手とレフェリーの距離が近く、そばにはベンチがあってお客さんもいる。試合中はどんなことを考えているのですか？

加藤　頭の中で同時に考えなければいけないことがすごく多いですね。時計を気にしながら選手同士のコンタクトを見ていたり、ボールがラインを割ったら最後にタッチしたのはどちらのチームかを見る。ボールを持った選手が3歩以上歩かないか、ベンチやコーチの様子はどうか、イライラしている選手はいないか、いろんなことを同時進行で考えながら進めています。まさにマルチタスクですね。だから、スカウティングやバスケットボールそのものの理解も必要になる。**いろいろなことを同時進行でやらない**

といけないのが、バスケットボールの審判員のむずかしさだと思います。

審判は決着がつけられない〝真ん中〟にいる

――メンタルについて聞かせてください。試合中は常に緊張している状態ですか？

加藤　いえ。人によって違いはあると思いますが、私は過度に緊張するということがありません。ワールドカップなど、大会の規模が大きくなってもそこは変わらない。今でこそプロフェッショナルレフェリーとしてBリーグや国際大会で笛を吹かせてもらっていますが、たとえば高校生の試合を担当していた頃と緊張の度合いは同じくらいなんです。ただ、ものすごく緊張はしないんですが、ある程度の緊張はどの試合でもしていますす。数値で表すなら、10段階の10まではいかなくても、7、8程度といったところでしょうか。

――バスケットボールに限らず、審判員にストレスはつきものだと思いますが、その原因はどこにあると思いますか？　やはり、「ミスをしてはいけない」というプレッシャーによるものでしょうか。

加藤　「ミスをしたらどうしよう」というのは、審判員なら誰しもが考えることだと思います。バスケットボールの場合、仮にその判定がミスではなかったとしても、選手やコーチ、お客さんからリアクションが返ってくることがある。「アピールを受けたらどうしよう」というプレッシャーを感じることはあります。

——審判員のミスについてどのようにお考えですか？

加藤　完璧を目指して取り組んでいますが、完璧はありえないと思っています。もし、**自分が完璧だと思っているようなら、審判員をやめたほうがいい。**当たり前のファウルやバイオレーションに関しては、チーム同士、あるいは選手同士で決着がつけられるでしょうから、審判員は必要ありません。私たちが必要になるのは、**選手やチーム同士で決着がつけられない真ん中の部分。**ですから、たとえば選手同士の接触が起こった時にピッと笛を吹けば、「あ、吹かれた」と思う選手がいるでしょう。逆にノーコールだった場合、「吹いてもらえなかった」と思う選手がいて当然です。限りなくフィフティ・フィフティの状況をジャッジするので、結果としてミスは生じ得ます。ただし、どんな試合でも、**ミスを修正・改善できるポイントが必ずある、**ということです。過ぎてしまったミスを取り戻すことはできません。次に同じことを繰り返さないことが大事なのかもしれませんね。

――加藤さんは国際大会もたくさん担当されていますが、国際試合の場合、かかってくるストレスも変わってきますか？

加藤　そんなことはありません。相手が日本人だから外国人だからということでストレスの度合いが変わることはないです。ルールはひとつですからね。ただし、私も駆け出しの頃は、言葉が通じなくてストレスを感じることはありました。でもそれは、外国人にどうアプローチしていくかという術を自分の中に持っていなかったからだと思います。経験が足りなかったんですね。今は国際試合を担当させていただく機会が増え、語学も一生懸命勉強しています。何かが起こった時も、日本人と同じようにコミュニケーションを取ることができます。

見たことを見たまま伝える

――判定に対して「今のは違う」とプレッシャーをかけてくる選手もいると思います。加藤さんならではの対処法はありますか？

加藤　まずは相手が何を言いたいのかを聞くようにしています。**私にとって選手は、一緒に試合を盛り上げるパートナーのような存在**です。敵ではありません。そういう立ち位置で相手の言うことを聞き、「自分はこう見たよ」と伝えます。そして、それが受け入れてもらえるのかどうかを入り口にしながら、対応していきます。

――受け入れられなかった時は？

加藤　見たものを見たまま伝えるようにしています。ただ、おっしゃるように、それが受け入れられるかは別の話。選手に説得を続けると、場合によってはそれ以上のストレスを与えてしまう可能性があります。ですから、そのあとのことをよく考えて対応することが大事ですね。あくまでも自分の仕事をしながら聞くところは聞く、という感覚です。たとえばそこで、飛び出してはいけない暴言が飛び出してくることもあります。そうなれば、ルールで対応します。バスケットボールでは「テクニカルファウル」と言いますが、できることなら選手にペナルティを与えるようなことは避けたい。特定の選手と会話を続けて、良くないことが起きそうだと思ったら、距離を置きます。距離というのは必ずしも身体的な距離だけではありません。話さないし目も合わさないこともある。でも、言いたいことは聞こえているという雰囲気を出します。

――もしその判定が、自分の見逃しだったとしたら?

加藤 受け入れられる時間帯、受け入れられるシチュエーションであれば、謝りたいと思っています。たとえば、「加藤さん、さっきのラストタッチ、逆でしたよ」って言われたら、「本当ですか、ごめんなさい。僕にはこう見えました。次はもっとよく見ます」と謝ることもあります。コミュニケーションはコートの外と同じような形で取るように努めています。

――お話を伺っていると、加藤さんはとても正直な方なんだなと感じます。

加藤 自分を取り繕って、本当は見えていなかったのに「見た」と言っても、選手にはわかるんですよね。それだったら、「見えなかった。ごめんね。次はがんばるよ」と言ったほうが、よほどお互いの信頼関係が深まります。もちろん、見間違えが10回も20回も続いて、大事な場面で見逃しを起こしてしまったら信頼も得られません。でも、見たことを見たまま伝えることが大事で、そこは意識しています。

――自信を持って笛を吹けるようになったのはいつ頃からですか?

加藤 3年くらい前からでしょうか。2017年秋に日本で初のプロフェッショナルレフェリーになりました。ありがたいのは選手やコーチ、クラブ、そしてファンの皆様を含めて、たくさんの方が私のことをリスペクトして見てくださっていることです。そういう環境の中で、質のいい準備ができ、またコートに立てている。精神的にタフでいられるのは、そういう方々のおかげだと思っています。逆に言うと、これからもリスペクトを得られるように振る舞っていくことが、ひとつのモチベーションになっています。

――プロフェッショナルレフェリーになる前は、会社員として働きながら週末にレフェリーをやっていたそうですね。準備にかける時間が足りないというジレンマはなかったですか？

加藤　1日48時間あったらいいのになって、ずっと思っていましたよ（笑）。**自分の中に「あれもやらないといけない」「これもやらないといけない」というのを残したままコートに立つと、どうしても自信が持てなくなります。**そうすると、本来なら起きるはずのなかったミスが起きる可能性も、必然的に高くなってくる。私自身、そういう葛藤があったし、もしかしたら他の審判員は今もそうした葛藤を抱えているかもしれません。

――その頃から国内のトップレフェリーとして活躍してこられたわけですね。

加藤　会社員だった頃から国際審判員のライセンスは持っていました。ただ、今のようにほとんどの試合でクルーチーフを担当していたかというと、そうではありません。プロフェッショナルレフェリーの話をいただくその前のシーズンに「2016 FIBA U17バスケットボール世界選手権大会」の指名をFIBA（国際バスケットボール連盟）からいただき、そこで女子の決勝戦を担当したんです。ただ、実力だけで担当できる世界ではありませんから、その意味では、FIBAにもJBAにも感謝しなければいけないと思っています。そういうところで、少しずつ実績を積み重ね、プロフェッショナルレフェリーの話をいただいたという経緯です。

――バスケットボールのレフェリーが目指すべき、もっとも高い舞台はどこですか？

加藤　私にとっては、やはりオリンピックです。東京オリンピックも近いですが、それ以降に開催されるオリンピックやワールドカップでも笛を吹いてみたいですね。何より、必要だから呼ばれるということが、私にとっては名誉なことだと思っています。とはいえ、あまり先を見すぎてもいけません。たとえオリンピックやワールドカップに関係がなくても、目の前の1試合1試合という気持ちです。いつもどおりの準備をして、目の前のプレーと向き合い、またそこから学んでいくことの繰り返しです。

次のプレーや試合に向かうために

――加藤さんが試合前にしているメンタルトレーニングはありますか?

加藤　今も言ったように、担当する試合によってテンションが上がったり下がったりするのは望ましくありません。オリンピックも、Bリーグも、あるいは高校生の試合を吹く時も同じテンションで臨みたいと思っています。そこで、**心の状態をいつもキープしておくために、自分で深呼吸するタイミングを決めておきます。**具体的には、試合日の朝、目が覚めた時にベッドに横になった状態で、スーッと息を吸って止め、ゆっくりと吐きます。これを何度か繰り返します。それが第1のチェックポイント。第2のチェックポイントは試合の前です。ロッカールームで椅子に座った状態で同じように深呼吸をします。第3のチェックポイントがコートに入った時。コートサイドに立って待機する時間があるんですが、その時に同じことをします。いつも同じことを3回。**国内でも海外でも試合の日はいつもそれをやって、テンションが極端に上がったり下がったりすることがないようにコントロール**しています。

――ルーティンのようなものですね。道具も必要ないので簡単にできそうです。

加藤　自分をフラットに保つことも心がけています。たとえば、「前節のゲームをチェックする」など試合前にやりたい準備が10項目あるとします。ところが、8項目しかできないと、コートに立つのがとても不安になるんですね。クエスチョンマークの状態になってしまいますから。ただ、いろいろな事情があって、いつも10項目ができるとは限りません。そこで、私は10項目にプラスして、「しっかり休む」というタスクを加えています。そうすると、仮にからだに痛みを感じて朝のトレーニングができなかったとしても、「しっかり休むこともタスクのうち」と自分で思える。そうすると、できなかった時の捉え方が変わってくるんです。たとえ8項目しかできなかったとしても、自分を否定することなくフラットな状態で試合に臨めます。

――いい意味で逃げ道を作っておくということですね。

加藤　自分を追い込んでしまうと、どうしても休むことを忘れてしまいますからね。そもそも試合の日は、ミーティングがあったり簡単なレポートを作成するため、寝るのが朝の4時になることもあります。次の日にも試合はあるわけで、しっかり休むことも審判員にとってはとても大切なことです。タスクに「休む」ことを加えてからは、仮にもう少し準備をしたかったという時でも、ストンと腑に落ちた状態で試合に臨めるようになりました。

――完璧を求めすぎると、失敗した時の焦りも大きくなりますね。

加藤　はい。先ほど、完璧はあり得ないと言いましたが、これはパートナーにも同じように伝えています。たとえば、3時間もミーティングをしていると、ハードルが上がって、時にはパートナーの顔がどんどん緊張していく。ですから、試合に入る時は自分たちの中で少しハードルを下げておいて、ミスをしても驚かないようにしておきます。ミスを容認しているわけではありませんが、「見逃しは起きる可能性がある」という話をあらかじめしておいて、スムーズに次に進めるように想定しておきます。特にバスケットボールはプレーが1回1回止まりません。すぐに次のプレーが来るんですね。「あれはファウルだったかな」と思った瞬間、次のファウルを見逃してしまいます。

――切り替えが大事ですね。

加藤　実際に起きたことは変えられませんからね。私は**次のプレーに向かうために「here now（今ここ）」という言葉を頭の中で唱えています。いわゆる、セル**

フトークです。ただ、それだけではいけないので、「目の前でボールを持った選手の軸足は右、ディフェンスはどこからくるか、ラインは踏んでいない、コンタクトは起こるか、ディフェンスは止まっている、じゃあ、オフェンスファウルだ」というように、具体的に自分が今ここでしなければいけないことを頭の中でつぶやいています。

——そうやって試合中は常に集中しているわけですね。

加藤　私が意識しているのは、今、あげたこと。「①休むことをタスクに入れる」「②自分へのハードルを少し下げる」「③実際に起こった時は、今ここ（here now）でやらなければいけないことを頭で唱える」の3点です。選手の時は、審判員がこんなことを考えているなんて思いもしませんでした。20年間、バスケットボールに携わってきていろいろなことを知ったと思ったのに、まだこんなことがあった。それを知った時に、審判員の世界にのめり込んでいきました。

二度と起こらないプレーを正しく判定

——ビデオ判定はどのように利用しているのでしょうか？

加藤　Bリーグの場合、B1リーグだけですが、ビデオ判定はあります。ただし、使えるシチュエーションには限りがあります。具体的に言うと、ゲーム中いつでも見られるものと、各クォーターの終わりだけに見られるものと、ゲームの最後の2分間だけ見られるもの。いつでも見られるものは、たとえば、成功したシュートが2点だったか3点だったかや、それから、コート内で暴力行為が起こった時。バスケットボールの場合、ベンチにいる選手はコートの中に入ってきてはいけないことになっています。ただし、コートの中で暴力行為が起こっている時は、ベンチから出てきた選手すべてを把握することがむずかしいこともあります。そこで、あとからベンチの様子を見られるようになっています。また、バスケットボールは0.1秒が大事なスポーツで、機材不良や操作不良によって時計の修正が必要な時もビデオで確認できるようになっています。各クォーターの終わりであれば、ブザーが鳴った時にボールが手から離れていたかどうか。ブザービーターのシチュエーションで、ブザーが鳴ったのが先か、シュートが先かを確認することができます。ボールが外に出た時のラストタッチはどっちだったかというのは、試合の残り2分のみ見ることが可能です。今あげたケースは一例で、他にもいくつかの見られるケースがルールで決められています。

――チームのチャレンジによってビデオで確認できるのでしょうか。

加藤　いえ。ビデオ判定はレフェリーの判定に疑義があった時に、レフェリーの判断で見ることができるようになっています。ですから、選手やコーチから「ビデオを見てください」と言われても、自分に200パーセントの確信がある場合は見ません。ただ、間違っていたことがあとでわかったら大変なので、少しでも間違っている可能性があると思ったら見ます。**見ることによって正しい判定に変わることのほうが、今の時代においては大切**なことだと思っています。

――ビデオ判定があると、たとえ「間違ったかな」と思っても引きずることなく次に進めますね。

加藤　ビデオを見てレフェリーの判定が間違っていたとしても、選手やコーチは「レフェリー、間違っていたじゃないか」という反応にはならないんです。むしろ、「正しく変わってくれた。ビデオを見に行ってくれてありがとう」となることのほうが圧倒的に多いんですね。ですから、間違っているかもしれないのに、意固地になって見に行かないほうがチームとの関係が崩れます。もちろん、「見てよ」と言われたから見に行くわけではありません。そこはむずかしいところです。逆に、誰もアピールしていなくても、試合の大事な場面で自分の判定が間違っているかもしれないと思ったら、自らビデオを見に行きます。それで判定が覆ったからといって、誰かにとがめられるわけでもない。**大切なのは、自分の判定の誤りを認めて、正しい方向に修正していくことです。ビデオ判定をルールどおり、正しく使うことも大事です。そこにクエスチョンマークがついていると、気持ちが混乱してしまいますから。**

――バスケットボールの試合は、二度と同じシーンが訪れません。そこが審判員にとってはむずかしいところだと思います。これからトップレフェリーを目指す若い人にアドバイスをいただけますか?

加藤　おっしゃるように、バスケットボールには似たようなプレーはあっても、まったく同じプレーというのは二度と起こりません。同じ時間帯、同じ選手同士、同じ得点差、同じ会場では二度と起こらないんです。一方で、いつも同じようにできることもある。ですから、**〝変えられないこと〟ではなくて〝変えられること〟から取り組んでみる**のがいいんじゃないかと思います。特に〝すぐに〟変えられることですね。コートの中での立ち居振る舞いなど、実践できることはたくさんあります。ファウルを吹いた時にどう動き、どう判定を表現していくかなど、別の試合であっても同じようにできることもある。どうして今のは右に1歩動いたのか、どうして今は止まっているのか、どうして慌てて選手からボールを受け取りに行ったのか、なんとなくやっていることでも審判員としてうまくなっていく段階で必要なことはたくさんあります。変われることに目を向けて、変われることから取り組んでほしいですね。**二度と起きないプレーを正しく判定し、正しく試合を進めていくために、何に着目してどう取り組んでいくか。**そこにフォーカスしてやっていくといいんじゃないかと思います。

Profile

加藤誉樹（かとう・たかき）

1988年6月30日生まれ、愛知県安城市出身。会社員時代に国際審判員のライセンスを取得。2016年U17世界選手権に派遣され、女子決勝戦で笛を吹いた。同年、Bリーグの審判を務め、最優秀審判賞を受賞。2017年9月からBリーグ初となるプロフェッショナルレフェリーとなり、国内外で活動している。

Chapter

3

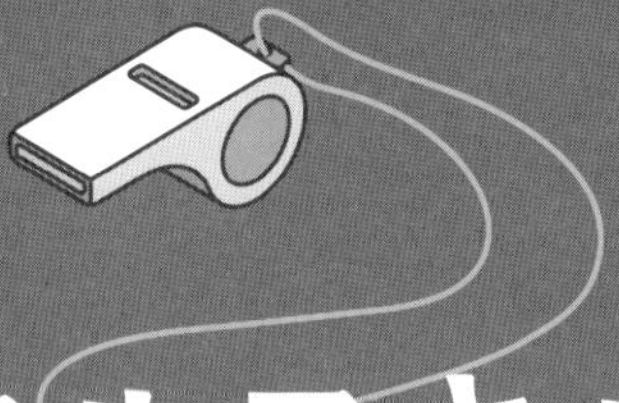

メンタルスキルを身につけるトレーニング

審判員に必要なメンタルスキルを理解したら、その能力を高めるためにトレーニングを行っていきましょう。決してむずかしいものではありません。1人でも場所を選ばずにできるものばかりです。日々の習慣となるように継続してください。

意欲と自信を高めるには？

第3章では、審判員に必要なメンタルスキルを高めるトレーニングを紹介していきます。確認しておきますが、ここに書いてあることは、すべてを順番どおりに取り組むものではありません。まずは**日頃から感じているストレスを洗い出すだけでも十分に効果的なトレーニング**です。「サッカーノート」「テニスノート」など練習日誌をつけているアスリートも多いですね。それと同様です。心の整理ができ、次の試合に向かう時の気持ちが違ってきます。

また、「コミュニケーションを取るのが苦手」「すぐに感情的になってしまう」など、自分に当てはまると思ったところを重点的に行うのもひとつの方法です。自分なりにアレンジしながらやってみてください。

ここで紹介するトレーニングは、審判員のみならずアスリートにも有効な方法です。むしろ、地元のチームでプレーする子どもたちや、中学・高校の部活でがんばっている学生にも取り組んでもらいたい。スポーツだけでなく、サラリーマンなら仕事の、学生なら勉強の効率を上げたい時にもピッタリです。

あえてトレーニングと書きましたが、必要な道具は紙とペンだけ。例外もありますが、**ほとんどがむずかしいものではなく、しかも1人でできるものばかり**です。ちゃんとやらなきゃ、と身構える必要もありません。空いた時間を見つけて、リラックスした状態で取り組んでください。

目標設定シートを活用する

はじめに意欲と自信を高めるトレーニングです。目標を持たずにトレーニングに励んでも、集中して取り組むことはできません。ポイントは「適切な目標」を設定すること。そうすることで、初めて効果的な進歩が保証されます。

しかしながら、誤った目標を設定すると、自信を失ったり、やる気が低下してしまったりする危険があります。

それではどのような目標を「適切な目標」と呼ぶのでしょうか？　適切な目標を設定する方法として、次のようなものがあげられます。

①現実的で挑戦的な目標を設定する

目標をあまりにも低く設定すると、自分のベストよりもかなり低いレベルで満足してしまいます。一方、高すぎる目標も、失敗を繰り返すことになり、やる気が下がります。自分のレベルや経験に見合った目標を設定します。

②抽象的でなく、具体的な目標と期日

「ベストを尽くす」「良いゲームにしたい」といった目標は、抽象的で達成されたかどうかの基準が明確ではありません。たとえば、「選手が質問にきた時は、しっかり目を見て応える」といったように具体的で、達成期日も明確な目標を設定します。

③長期目標だけでなく、短期目標も設定する

長期目標を達成するには、短期目標を段階的に設定していきます。1日ごと、1週間ごと、1ヵ月ごとの目標を立て、自分の進歩の度合いを明確にします。

④目標のチェック

設定された目標は、練習や試合において、何らかの方法で評価し、自分自身にフィードバックさせることが重要です。それによって、目標を修正し、新たな目標を再度設定していきます。目標設定用紙を参考に目標設定↓評価↓目標修正・再設定のサイクルを、定期的に実施してみてください。大切なのは、**将来の目標を可視化**することです。そうすることで、自分が今、何をしなければいけないかを明確にします。

では、115ページの**図2**に、長期目標、中期目標、短期目標を記入してみましょう。はじめに長期目標を設定したら、それを達成するためには中期目標として何をしなければいけないかを考えます。さらに中期目標を達成するために、直近の自分がやらなければいけないことを記入します。短期になっていくに従って、目標がより具体的になっていることがわかるでしょうか。短期目標は「メンタル」「技術」「フィジカル」と3つの項目に分けることで、達成しなければいけない具体的な目標がわかります。

【メンタル】

自分のメンタルでどこが弱いかを自己分析します。たとえば、「すぐにネガティブなことを考える」のなら、どうやってそれを克服すればいいかを考えてください。「いつでもポジティブ思考を持つ」「『でも』と言わない」「鏡に向かってセルフトークをする」など、短期でできる目標を設定します。

【技術】

審判員にとっての技術とは何でしょうか。「判断を早くする」「ジェスチャーをわかりやすくする」「視野を広げる」などさまざまです。自分に足りないところを書いておき、常に意識して取り組めるようにしておきます。

【フィジカル】

フィジカルの目標は数字で表しやすく、目標を立てる時に有効です。「体重を1週間で1キロ減らす」「10キロを40分で走れるようになる」「毎日7時間は睡眠をとる」。そのために何をしなければいけないかを書くことも忘れずに。

いつまでにその目標を達成するかについては、自分で決めてかまいません。目安としては、長期目標を3～5年、中期目標を半年～1年、短期目標を1週間～2週間程度で考え

図2　目標設定シートの作成例

長期目標（3～5年後）
例）
・国際大会で主審を務める

中期目標（半年～1年後）
例）
・全日本選手権で主審を務める

	短期目標 （1～2週間後）	**自己評価** 達成できた 少し達成できた 達成できない
心 **メンタル**	例） ・常にポジティブに物事をとらえる	
	例） ・クレームがあっても動揺しない	
技術 **テクニカル**	例） ・正確なコールをする	
	例） ・ジャッジの動作をはっきりと行う	
身体 **フィジカル**	例） ・毎日5㎞の走り込み	
	例） ・睡眠を6、7時間は必ずとる	

るといいでしょう。

注意点もいくつかあげておきます。

短期目標を立てたら、それが実際に達成できたかどうかの自己採点をしてください。5段階で評価してもかまいません。達成できなかった時は、なぜ達成できなかったのかを書くようにします。

書き方にも少し注意が必要です。短期目標を書く時は、「できるだけ」「なるべく」といった曖昧な表現は避けるようにします。**「何をどこまでやるのか」をはっきりさせることが成果を実感するコツ**です。

また、「~できるようにがんばる」「~を目指す」といった表現もNGです。がんばることは大前提。目標設定シートは、あくまでも自信や意欲を高めることを目的に、それを達成するために何をやらなければいけないかを可視化するシートです。

気持ちを落ち着かせるためには？

リラクセーションは、精神的にリラックスした状態を作り、イメージを想起する力を高めることを言います。こうして生まれる鮮明なイメージは、審判員のパフォーマンス向上につながります。

代表的なリラクセーションの方法には、からだに働きかけてリラックス感を得る「深呼吸」や「筋《きん》弛《し》緩《かん》法《ほう》」、考え方や物事の捉え方を変える「リフレーミング」などがあります。それぞれのやり方を説明しましょう。

【深呼吸】

私たちは緊張している時、呼吸は自然と浅く速いリズムになります。いわゆる胸式呼吸です。これは、人間の自律神経の働きによるものですが、緊張が高くなりすぎるとパフォーマンスが低下します。そんな時は、深呼吸でリズムを整えるといいでしょう。

呼吸というのは、自律神経の働きの中で唯一、自分で調整できるものです。緊張した時のドキドキは自分の意思でコントロールできませんが、呼吸なら思いどおりに扱えるはずです。つまり、**リラックスしたい時は意図的に深くゆっくりとしたリズムで呼吸する**ことが大事になります。

他にもやり方はあります。

・息を吸う時に4つ数えて止め、8つ数えながら吐く
・深く息を吸い込んで3秒間息を止め、ゆっくり吐き出す。次に吐き出す時間を徐々に長くしていく

共通しているのは、呼吸をゆっくり行うこと。それから、吸うよりも、大事なのは吐くことです。息を吐く時に、口から糸を出すようにフ――っと吐くだけでも効果があります。

空いている時間に5分もあればできます。就寝前が効果的でしょう。

ただし、注意点がひとつ。**気持ちを落ち着かせるための呼吸法は、普段からやっておくことを心がけてください。緊張した時だけ深呼吸をすると、逆に緊張し**

た場面をイメージしてしまい逆効果になることがあります。呼吸はゆっくりできるのに、頭の中は緊張しているという状態になります。

【筋弛緩法】

バスケットボールのフリースローを行う選手に対して、みなさんはどんな声をかけますか？

「がんばって！」

「外すなよ！」

思わずそんな言葉をかけてしまうかもしれません。ところが、これでは鎧を身に着けたままボールを投げるようなもの。肩に力が入ってしまい、逆に成功率が下がってしまいます。「力を抜け！」と言われても、かえって焦りを生んでしまう可能性があります。

大事なのは、「力の抜き方」です。

緊張してからだがリキんでいるときや落ち着かない時など、不安をコントロールする対処法として、筋弛緩法があります。**ある特定の筋肉に力を入れたりゆるめたりを繰**

り返すことで、緊張とリラックスの違いに気づくことができるようになります。

テニスの試合なら、大事な場面でサーブを打つ前に、肩や腕の緊張に気づき、それをほぐすことができます。筋弛緩法のやり方はいたって簡単。顔、肩、腕、腹、脚、そして全身に、力を入れたり、抜いたりして、それぞれの箇所のリラックス感を覚えます。ここでは、腕のリラクセーションを紹介します。

①気持ちをラクにしてゆったりと椅子に座る
②両手のこぶし、手に力を入れ、緊張を感じる（約10秒）
③両手の力を抜き、緊張した時とどう違うかを感じとる（約20秒）

試合前、試合中に筋弛緩法でほどよい力の抜け具合を得るためには、必ず普段の練習で実践し、効果を実感しておくことが大切です。１日に1～2回、全部で5～10分くらい行えばいいでしょう。数ヵ月やればうまくできるようになります。

自分にとって緊張しやすい箇所を重点的にやればいいでしょう。特に緊張や不安を感じていない状態で練習しておくことが重要です。

【コラム法】

心理学に「自動思考」という言葉があります。こんな経験をした方は誰にでもあるのではないでしょうか。

たとえば、友人にメールを送っても、すぐに返事がこない時。すると、「自分は嫌われているのかな」「マズいことでも書いてしまったかな」とネガティブな想像をしてしまいます。あるいは、たくさんの仕事を一度に振られた時に、「今日中に終わらせるのは無理だ」と無力感を覚えるかもしれません。ストレスを感じている人ほど、物事の考え方が悲観的になりがちです。

このように、**とっさに頭に思い浮かぶ思考のクセを「自動思考」**と言います。

サッカーの審判員であれば、選手が自分のところに歩み寄ってきただけで「あ、クレームを言いにきたな」と自然に思ってしまうかもしれません。ところが、実際はからだのどこかが痛いなど、別の要因も考えられます。私たちがストレスを感じるのは、そこに認知のゆがみがあるということです。

そのゆがみに気がつけば、ある程度はストレスを抑えることができます。

そんな**認知のゆがみに気づき、ものの見方に幅を持たせるのがコラム法**です。**図3**を参考にしてください。

次の週末に試合があるとします。それならば、試合の4、5日前に試合をイメージして、実際に起こりそうな状況を用紙に書いておくといいでしょう。たとえば、それまでの試合で自分が動揺した場面を思い出し、その時の状況や気持ち、行動、態度などを一番上の欄に記入します。

中段の気分・感情の欄は、思いつく範囲でかまいません。5段階評価、パーセントなど記入の仕方も自由です。ただ、数値で書いておくと、あとで振り返った時に自分を客観視しやすくなり、次に似たような状況が起きても前回よりスムーズに対応できるようになります。

さらに下の欄には、どういう対応をしていれば気持ちを落ち着かせることができたかを書きます。「どういう言葉をかければよかったか」「どういう態度をとればよかったか」など、できるだけ具体的に書いてください。

〈状況の例〉

今日は両チームにとって、優勝がかかった大切な試合だ。サポーターも盛り上がってい

図3 コラム法（記入例）

あまりむずかしく考えず、気楽にやってみましょう

●状況（どんな場面か？）

試合中に、判定について選手Aからクレームがきた。選手Aはとても激昂していた。しっかりと説明して理解してもらいたかったのだが、話しきらずに終わってしまった。

●気分・感情（どんな気分・感情になったか？）

・憂うつ（80％）	・不安（90％）	・怒り（　％）
・罪悪感（　％）	・心配（　％）	・激怒（　％）
・悲しい（60％）	・困惑（　％）	・不満（40％）
・失望（　％）	・パニック（　％）	・いらいら（　％）
・恥（　％）	・混乱（　％）	・うんざり（　％）
・傷つき（50％）	・おびえ（　％）	・（　％）
・後悔（　％）	・落胆（80％）	・（　％）

●自動思考（その時どんなふうに考えたのか？）

・選手Aは、自分のことを嫌っているのかも知れない。

・これから先、どうなるのだろう!?

・自分はどうしてこんなにダメなんだろう!?

る。それなのに、朝からお腹が痛くて、自分のコンディションが良くない。

↓

〈自動思考の例〉

昨日の夜に少し食べ過ぎたかもしれない。でも、条件が悪い時こそ、自分にとっては実力の見せどころ。選手には思う存分、パフォーマンスを発揮してもらおう。

ポイントは、〝書く〟ことです。勉強と同じで、書くことによって頭を整理できます。空いた時間を有効に使って、定期的に行ってください。たまにやるだけでは、効果が半減します。1ヵ月くらい続けると、試合中のストレス軽減が実感できます。

とはいえ、あまりむずかしく考える必要はありません。気楽にやってみましょう。

【リフレーミング】

前の項で自動思考について説明しました。目の前で起きたことに対して、**自分の意思とは無関係にわいてくる思考**のことです。選手がこちらに向かってきたらどんなふうに思うか、という事例に置き換えて説明しました。

リフレーミングは、物事の枠組みを、異なる見方で捉えることです。**自然にわいてく**

るネガティブな思考を、ポジティブなものに置き換えるトレーニングに活用することができます。

〈例〉

選手がこちらに向かってきた。表情が硬く強張っている。

「　　　　　　　　　」→「　　　　　　　　　」

今日は両チームにとって大切な試合だ。なのに、自分の体調があまり良くない。

「　　　　　　　　　」→「　　　　　　　　　」

目の前で発生した事象について、ネガティブな言葉や感情を上の「　」に書き出します。その後、上に書かれたネガティブな言葉を、下の「　」でポジティブな言葉に置き換えてください（**図4**参照）。

ポイントは3つです。

①内容がポジティブであること（例：自分はこの状況を乗り越えられる）

図4　認知の置き換えトレーニング（リフレーミング）

場面設定例

●試合が予想以上にもつれた。こんなはずではなかった。

【 心が落ち着かない 】→【 自分の経験がひとつ増えるいい機会 】

●今日の試合が非常に重要である。しかし、あまりコンディションが良くない。

【 足や腕が重い 】→【 頭は冴えている 】

●プレーに集中できない。いろんなことが気になって仕方がない。

【 ミスしてしまいそう 】→【 視野は保つことができている 】

●緊張して、手足が震え、喉もカラカラ。とてもいい判定ができそうにない。

【 反応が遅れてしまいそう 】→【 プレッシャーを楽しむ 】

場面：

【　　　　　　　　　　】→【　　　　　　　　　　】

場面：

【　　　　　　　　　　】→【　　　　　　　　　　】

場面：

【　　　　　　　　　　】→【　　　　　　　　　　】

場面：

【　　　　　　　　　　】→【　　　　　　　　　　】

場面：

【　　　　　　　　　　】→【　　　　　　　　　　】

場面：

【　　　　　　　　　　】→【　　　　　　　　　　】

場面：

【　　　　　　　　　　】→【　　　　　　　　　　】

場面：

【　　　　　　　　　　】→【　　　　　　　　　　】

場面：

【　　　　　　　　　　】→【　　　　　　　　　　】

②シンプルな言葉を使うこと（例：落ち着いている）
③現在形を使うこと（例：集中している）

図4のトレーニングシートに【場面】と【感情の置き換え】を記入してみましょう。

注意点としては、ネガティブな言葉を使わないことです。たとえば、「負けない」のような否定文は使わないほうがいいでしょう。また、「集中したい」や「集中しろ」といった希望や命令文ではなく、現在形で書くこともポイントです。

ストレスを取り除くには、こうして事実の見方を別の視点で捉えることが重要です。

また、繰り返しになりますが、たまにやるだけでは効果は半減します。**メンタルトレーニングは何度も続けることで、思考を少しずつ変えていくもの**なのです。定期的に行い、審判活動に役立ててください。

試合中に気持ちをコントロールするには？

「ものごとに良いも悪いもない。考え方によって良くも悪くもなる」

イギリスの劇作家シェイクスピアの有名な格言です。

審判員に限らず、人は誰でもプレッシャーがかかってくると、どうしても弱気になったり落胆したり、あるいはネガティブな表情や思考になってしまいます。アスリートも同じ。敗因を振り返る時に、「あのミスがなかったら」というのはよく聞かれる言葉です。

ですが、そのミスによって考え方がネガティブになり、その後のプレーも悪いほうに影響を及ぼすとは考えられないでしょうか。不測の事態に直面したことで、自分自身のパフォーマンスが混乱してしまうというのはよくあることです。

こんなこともあります。たとえば、雨の日のレースが苦手なマラソンランナーがいたとします。朝起きて窓を開け、空を見上げながら「今日はついてないな」なんて言葉をつぶやくかもしれません。

しかし、その時点で、その人の思考はネガティブなものになっているのです。結果的にパフォーマンスにも悪影響を及ぼし、満足のいくパフォーマンスが発揮できなくなってしまう可能性があります。

それに対して、**ポジティブな思考には、集中力を高め、不安を軽減し、自信を高める効果があります。ポイントは、自分自身に語りかけること。**自分の気持ちをコントロールすることができれば、たとえ試合中に不測の事態が起こっても、安定したジャッジパフォーマンスを保つことができます。

第2章で説明したルーティンは、気持ちをコントロールする有効な方法です（75ページ～参照）。

他にもいくつか紹介しましょう。

【セルフトーク】

試合中にミスジャッジをして、ネガティブな言葉をつぶやきそうになった時はありませんか？　あるいは調子が悪い時。「クソー」「俺は何をやってるんだ」「もうダメだ」「あの選手、またクレームを言いにくるんじゃないか」。たとえば、こんな言葉です。

そうではなく、ポジティブな言葉を自分に語りかけます。

「大丈夫！　大丈夫！」
「俺なら絶対に乗り越えられるぞ」
「よし、絶好調だ」
「今日も冷静だぞ」

こうした言葉を声に出してつぶやくことで、緊張とリラックスのバランスを保ちます。マウンドにいるプロ野球の投手が、ボールに向かってつぶやいている姿を見たことがある方も多いのではないでしょうか。理屈は同じです。

ポジティブな言葉なんてすぐに思いつかないよ、という方は、あらかじめノートや用紙に書き出しておいてもいいでしょう。試合の前にそのメモを見ておけば、いざという時にすぐ思い出せます。

ポイントは、実際に声を出すこと。心の中でつぶやくよりも、声を出したほうがからだも反応して効果がアップします。それを証明するために、次に5円玉を使った実験を紹介します。

【5円玉の法則】

声に出してつぶやいたことは、無意識のうちにからだが反応しているという実験を紹介しましょう。

集中力や自己暗示のトレーニングにも用いられる「シュブリエルの振り子」です。

はじめに5円玉（50円玉でも可）の穴に、20センチ程度の糸を通して結びます。次に、A4の白い紙の上に円を描き、中に「＋」を描きます。

糸の端を親指と人差し指でつまみ、5円玉を「＋」の中心に向かって垂らしてください。腕が動かないように、ひじを机などについて固定してもいいでしょう。

準備ができたら、5円玉を見つめながら「時計回り、時計回り、時計回り」とつぶやい

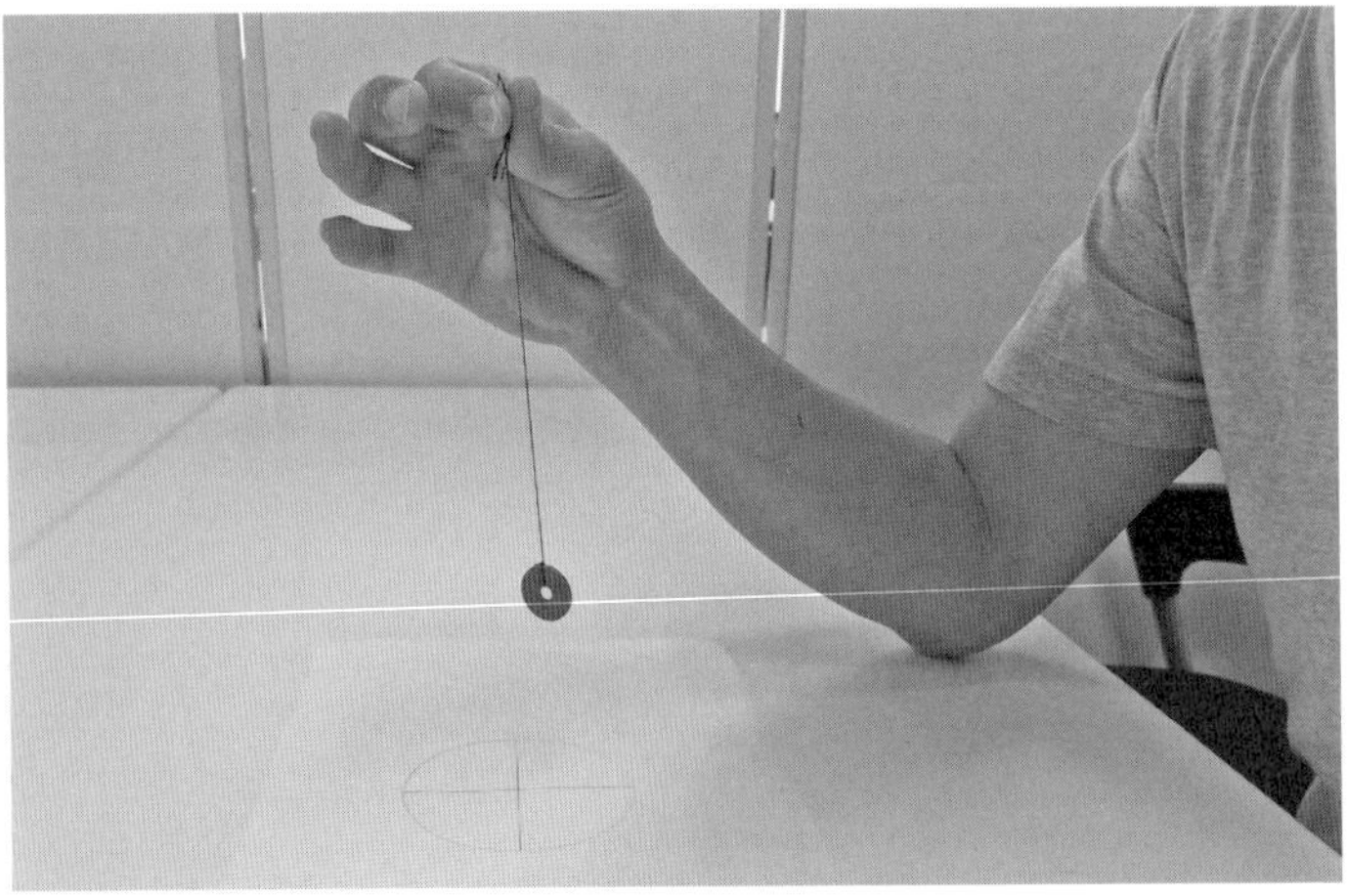

集中力のトレーニングとして活用できる「シュブリエルの振り子」。声に出してつぶやきながら行う

てください。すると、5円玉は不思議なことに、つぶやいた方向に向かって動きませんか？　さらに「左右に動く、左右に動く、左右に動く」「前後に動く、前後に動く、前後に動く」とつぶやいてください。動いている5円玉を止めたい時は、意識を「十」の中心に向けます。

簡単な実験ではありますが、声に出してつぶやいたことは、実際にからだの反応として表れることが示されたと思います（個人差はあります）。このことから、苦しい場面では、ポジティブな言葉をつぶやいたほうが、行動もポジティブに動くことがわかっていただけると思います。

【アンガーマネジメント】

誰にでも、感情的にカチンとくることはあると思います。審判員であれば、ベンチや観客席からの野次にイライラすることもあるでしょう。説明したことを理解してもらえず、声を荒げて反論したくなることもあると思います。

そのように、感情が高ぶった時はどうするか?

まずは、6秒だけ我慢してください。

するとどうでしょう。さっきまでの怒りはずいぶんと抑まり、次のプレーへと気持ちが向かっているはずです。

衝動的な怒りのピークは6秒と言われています。つまり、カッとしそうになったら、6秒だけ考えることをやめます。あるいは、口角をグッと上げて、意図的に笑顔を作る。あらかじめ、自分を落ち着かせる言葉を用意しておき、「大丈夫、大丈夫」とつぶやきながらやり過ごすのもいいでしょう。深呼吸をしたり、「1、2、3…」と落ち着くまでカウントするのも効果的です。

先述したように、ゴルフのタイガー・ウッズがやっているアンガーマネジメントは、少し違います。ウッズの場合、時間は10秒ですが、10秒間だけ我慢するのではなく、逆に「10秒間だけは怒ってもいい」というもの。ミスショットをした時は10秒だけ怒りを発散し、その後、すぐに気持ちを切り替えます。

このように、アンガーマネジメントにはさまざまな方法があります。怒りの感情をコントロールすることができれば、私生活の面でも役に立つことがあると思います。

判断力を高めるには

「イメージトレーニング」という言葉はみなさんも聞いたことがあると思いますが、判断力を高めていくにも、イメージトレーニングが重要になります。イメージには、「内的イメージ」と「外的イメージ」の2種類があります。

「内的イメージ」とは、自分のからだが動いている感覚をイメージすることであり、その時の呼吸のリズム、筋肉の動き、音、リズムなどを感じながら実際に行動しているように思い描きます。

一方で、「外的イメージ」は、動いている自分を客観的視点で見ることであり、まるでビデオ映像の中にいる自分の姿をイメージする方法です。審判している姿をもう1人の自分がスタンドから見ているようなイメージを言います。

基礎イメージを作る

描いたイメージが不鮮明であったり、鮮やかに描けたりしても、**自分の思いどおりのイメージが描けなければ、イメージトレーニングの効果は上がりません。**そのため、前もってイメージする能力を高めておく必要があります。基本的には、描きやすいイメージから徐々に描きにくいとされるイメージへと段階を追って進み、描いたイメージを変化させる練習も取り入れて自由にコントロールできるようにします。

たとえば、**図5**を参照に次のような例があげられます。

①好きな色や風景のイメージ（りんごの赤色、青い海、真っ赤な太陽など）を想起する
②コートや笛、イエロー、レッドカードなど審判に関連したものをイメージする
③自分が審判をしているのを外から見ているようなイメージを描く
④自分が実際に審判をしている時のイメージ（手や足の感覚、呼吸、音、動作の流れなど）を描く
⑤さらにその時に感じられる気持ちや感情（うれしい、楽しい、悲しいなど）も同時にイメージする

図5 イメージトレーニングシート

イメージする場面（例）	その時の状況、動き、からだの感覚、気持ちの様子
競技場、試合会場	
試合直前の場面	
試合中の立ち振る舞い	
ミスしてしまった時の対応	
理想とする競技の判定場面	

次に過去の体験のなかから、もっともすばらしいパフォーマンスをした場面をイメージします。**ここで重要なのは、絶好調の時の様子をできるだけ詳しく思い出すこと**です。具体的には対戦しているチームや選手、試合会場の様子、からだの動き、気持ちがどうだったかなどをイメージします。これをすることによって、やる気や自信を高めるのに役立ちます。

子どもの頃を思い出してください。鉄棒で逆上がりの練習をはじめた頃、どんなことを考えながら取り組んでいましたか？

「鉄棒の握り方はこうで、ひじの角度はこう。勢いをつけて地面を蹴り、一気に足を上げる」

そんなことをイメージしながら練習に取り組んできたのではないでしょうか。これも技術に焦点を当てたイメージトレーニングのひとつです。

イメージトレーニングには、主に3種類の考え方があります。

①気持ちのイメージトレーニング
②状況判断のイメージトレーニング
③技術のイメージトレーニング

ここまでは主に、①の「気持ちのイメージトレーニング」を紹介してきました。セルフトークもアンガーマネジメントも、あらゆる状況で自分の気持ちをコントロールする方法です。高ぶった感情を抑えたい時や、パニックになりそうな時に落ち着くことができます。

また、**図5**のトレーニングシートを活用するなど、あらかじめイメージしながら準備をしておく方法は②の「状況判断のイメージトレーニング」です。その場の状況に応じて、スムーズに対応できる力が身につきます。

もうひとつが③の「技術のイメージトレーニング」です。鉄棒の逆上がりの例がそれに当たります。

役に立つのが動画です。自分の中で「この人は上手だな」という審判員のパフォーマンスを動画で残しておき、コールの仕方やタイミング、あるいはジェスチャーなどを自分のパフォーマンスに当てはめるのがひとつの方法です。選手からクレームがあった時は、どんな表情をしながら対応しているのかを比較してみるのもいいでしょう。自分に足りないところが見つかるかもしれません。

テレビ中継を録画しておくことはもちろん、自由に撮影ができる町内の少年野球大会などでも有効な方法です。

相手の意見を共有しておく

グループディスカッションも判断力を高めるトレーニングとしてよく使われます。複数の人で対象となるシーンを映像で鑑賞し、そのプレーについてお互いに意見を出し合います。

判断が分かれそうなジャッジであれば、「どうしてこの判断になったのか」「前のプレーでこういうことがあった」「自分だったらこう判断する」などさまざまな角度から意見が出るでしょう。そうした**意見を共有することで、自分自身のパフォーマンスに生かします。**

ポイントは、**他人の意見を否定しないこと。その理由は、否定されることを怖がると、議論が広がっていかない**からです。また、他人の意見を否定して自分の意見を正当化することも、前向きな議論とは言えません。

話し合いを仲裁したり全員の意見をまとめるリーダーもいたほうがいいでしょう。話が脱線した時に本筋に戻せるような、冷静で客観性のある人が適任です。

コミュニケーション能力を高めるためには

審判員にもチームワークは大切で、円滑に試合を進めていくためにはコミュニケーション能力が非常に重要なスキルと言えます。特にアマチュアの大会は、学生やボランティアが線審を務めることも多く、場合によっては、アイコンタクトやジェスチャーを駆使して、遠く離れた場所にいる仲間とコミュニケーションを取らなければいけないこともあります。

コミュニケーションには、言葉を用いた「言語的コミュニケーション」とジェスチャーなど顔やからだを使った「非言語的コミュニケーション」があります。

時には、ミスジャッジをした線審に対して「大丈夫だよ」と言葉で安心感を与えることも重要でしょう。これが「言語的コミュニケーション」。一方で、励ますために肩をポンと叩いたり、喜びを分かち合うためにハイタッチを行ったりするのが「非言語的コミュニケーション」です。経験の少ない副審にとっては、主審が見せる表情ひとつで、ホッとすることもあると思います。

表情や身振りで受け取る方法が変わる

ところが最近は、自分の意思を伝えるのが苦手という人も多いと聞きます。

そこで、ここでは非言語を使ったトレーニングを紹介します。昔から「目は口ほどにものを言う」と言われており、表情や視線、手振り身振りというのは普遍的なコミュニケーションの取り方と言えます。

①AとBで2人組を作る（できれば知らない人とペアを組む）

②Aは1分間、自己紹介をする。その際、Bは表情を変えずに黙って聞く。頷いてもいけない

③Aは1分間、自己紹介をする。Bは黙ったまま笑顔で聞く。頷いてもよい

いかがでしょうか。受け取り側の表情や態度を変えることで、自己紹介の質、伝え方が

変わってきませんか。言葉に本当の意味を与えるのは、表情、音声、身振りなどです。したがって、**何を言うかだけではなく、それをどんなふうに、どんな表情で言うか、という点に注意する必要があります。**このように、ちょっとした部分で気づきを得ることも、コミュニケーション能力を高めるひとつの方法です。

ここまでメンタルスキルを高めるトレーニングを紹介してきました。すべてに共通しているポイントは、続けることです。**アスリートが実践しているフィジカルトレーニングと一緒で、メンタルトレーニングも継続して行うことではじめて大きな成果を得ることができる**のです。

1人でできるトレーニングもあるので、「これは」と思ったものは、ぜひ習慣づけてください。

Top Referee Interview

トップレフェリーインタビュー03

【テニス】

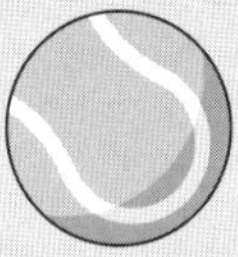

辻村美和

Miwa Tsujimura

グランドスラムをはじめ

数々のビッグ大会でレフェリーを務めてきた辻村氏。

年間を通して海外を飛び回り、

日々トッププレーヤーと向き合ってきた。

大勢の観客の中でも冷静なジャッジを貫き、

実践してきた辻村氏のメンタルスキルに迫った。

打たれ強いという意味では、鈍感さは必要。しかし鈍感であると、同じ過ちを繰り返してしまう恐れがある。

photo/本人提供

――辻村さんは、ブロンズバッチ（※1）を持っていらして、国内だけでなく国際ツアー、グランドスラムでも審判をされています。プロの審判という呼び方でよろしいのでしょうか？

辻村　プロの審判員はいますが、私は違います。私の場合はプロの方と同じぐらいの時間をこの仕事に費やしているとは思いますが、審判を目指してはじめたわけではありませんでした。勧められるままにこの世界に足を踏み入れ、その後は習いごとをする感覚で審判の仕事に取り組んできたという感じです。

もともと普通に働いていたのですが、結婚を機に仕事を辞めてしまいました。それで時間を持てあますことになって家で悶々としていたんです。見かねた家族に「近所のテニスクラブにでも行ってみたら？」と言われてテニスをはじめました。高校時代にテニスをしていたので再開した格好でした。ほぼ毎日、クラブへ行きテニス三昧の日々だったのですが、ある時、クラブの方に「大会で働いてみない？　英語が話せるのなら審判やってみない？」と勧誘されたんです。私はアメリカへ留学した経験があり、その頃は個人で英語の家庭教師やレッスンをしていました。

それまで、テニスをするのは好きだったのですが、プロの選手やテニスを見ることにはまったく興味がありませんでした。審判にも当然ながら興味がなかったのですが、頼まれると断れない性格で（笑）。審判の講習会ぐらいなら受けてみます、と言ったことがきっかけでした。

審判の育成では、テニスのルールを知っている人に英語を教えるより、英語を話せる人にテニスのルールを教えるほうが手っ取り早いんです。それに、生活に時間的ゆとりと経済的ゆとりがある人じゃないと長く続けていけません。ですから、講習会へ参加するちょうど良い人材だと思われたんでしょうね（笑）、次から次へと審判の仕事を紹介されました。

――続けていくうちに審判の仕事に対してやりがいは感じてきましたか？

辻村　やりがいを感じるというより、ピアノのレッスンと同じような感覚だったので、最初からうまくいくわけでもなく、不満のほうが多かったですね。

学生時代から審判の経験はあって（草大会では試合に負けると次の試合の審判をすることが多い）、英語が話せるので、なんとなく形になってうまく見えたのだと思います（笑）。初めての審判は世界ジュニアの大会だったのですが、線審だけでなくすぐに主審も任されました。ド素人であるのがバレないように、流暢に英語を話して乗り切ったのですが、どこかの国の選手から試合が終わった後に「グッドジョブ、とても良かった。

どうもありがとう」と言われました。私は申し訳ないと思いました。自分で良い仕事をして、そういったことを言われたのであれば満足ですが、実力もなく何とかこなしただけでしたから。これではいけない、感謝の言葉に相応したきちんとした仕事をしなくてはいけないと思いました。

その後は良い仕事ができず、試合の流れに影響を与えたりしたこともありました。誘われてやるにしても、気持ち良く仕事を受けられるようなレベルまでは練習しようと思いました。数をこなせば、落ち着いてこの仕事ができるようになるのでは、と考えていました。**テニスと一緒で、練習すれば自信がついて試合で結果が出るのと同じこと**です。

――今でもそういった気持ちで審判の仕事に取り組んでいますか?

辻村　いえ、ある頃から自分のためという気持ちは少なくなっています。プレーヤーに影響を与える仕事なので、自分のトレーニングだからと言って同じ過ちを繰り返してはいけません。練習不足が原因で自分が試合に負けても誰にも迷惑はかけませんが、審判はそういった仕事ではないのです。試合の勝敗で選手の賞金、ポイント、ランキングが変わってきます。我々のジャッジは彼らの生活に影響すると言えます。審判を続けるのであれば、いい加減な気持ち、過ちを繰り返さないという自覚を持って取り組まないといけない。**私が審判をしても、もっとベテランの審判がしても同じ結果になるように、あるいはジャッジで流れが変わって本来勝つべき選手が負けてしまうことがないように、もっと厳しくやらないといけないと意識は変化してきました。**

――意識が変わったことで、グランドスラムでも審判をすることができるようになったのでしょうか？

辻村　最初、審判をしたのはジュニアの大会でしたが、ジュニアのレベルで落ち着いて判定するには、大人の大会で審判をしないといけないと思いました。大人の女子の大会で落ち着いてやるには、男子の大会に出ないといけません。男子のフューチャーズの大会（ＩＴＦ（International Tennis Federation）メンズサーキット、もっとも低いクラスの国際ツアー）で落ち着いてやるには、チャレンジャーの大会（ＡＴＰ（Associationof Tennis Professionals）チャレンジャーツアー、ＩＴＦメンズサーキットのひとつ上のクラス）に出ないといけないのです。そうやってどんどん、大会のレベルを上げていきました。周囲からはかなりやる気満々に見えたと思います（笑）。

そのうち海外から来ていた審判に「日本で学べることには限界がある。さらに技術を身につけるには海外で経験を積みなさい」と言われました。日本では主審にクレームをつける選手も少ないし、英語でやり取りすることも少ない。それで海外にも行くようになりました。

――現在はどれぐらいの頻度で海外の試合で審判を行っていますか？

辻村 私は今シーズン、32週勤務して、そのうち半分が海外でした。主な大会は全豪オープン、ウィンブルドン、USオープン、アジア大会、デビスカップ・フェドカップワールドグループといった感じでした。最近は主審以外に、ELC（Electronic Line Calling system、自動ライン判定システム）のレビュー・オフィシャル（※2）の仕事をしています。

――日本でも数少ない資格をお持ちですから、はじめた頃よりは、かなり審判の技術も上がってきたということですよね？

辻村 有明コロシアムのセンターコートや観客がたくさん入るスタジアムでも、緊張せずに落ち着いて主審ができるようにはなりました。ただ大会のレベルが上がってくるとショットのスピード、正確性も上がってきてラインぎりぎりのボールが増えてきます。

大会のレベルとともに、主審、線審にも高いレベルが求められます。
ですからいつでも気を抜くことはできません。**10のうち9つはいい仕事をしていても、最後のポイントでひとつミスすると、選手にはその記憶が残ってしまいます。最後の最後まで集中することが大切**です。

ルールブックにすべては載っていない

――審判の仕事に対するモチベーションはどこからきますか？

辻村　私の場合は、お稽古ごとという気持ちだったので、20年近くやってきてもまだまだ上があると思っています。毎試合、すべてに満足できることはないので、さらに技術を磨かないといけないと思いながら続けています。何かを楽しみにとか、何か良いことがあるからという感覚ではありません。
ただ海外の審判員は、若い頃から取り組んでいて、才能ある人がたくさんいます。**技術を磨いて実績を残せば昇格でき、活躍の場が与えられる**ので、それがモチベーションだと思います。それに世界のトッププレーヤーから信頼されるというのもやりがいのひとつではないでしょうか。

――テニスの審判にはどのような能力が必要だと考えていますか？

辻村　私の視力は悪くはないですが、人並みです。動体視力を特に鍛えてきたわけでもありません。私たちの間でよく言うのは「センス」です。運動能力と同じで、少し審判をすれば、飲み込みが早かったりなど、初めて審判をやる人でもセンスを感じることがあります。具体的に言うと、ひとつは**ジャッジを自然体でできること**でしょうか。あとは**刻々と変わっていく状況に順応する能力**ですね。

試合の中ではいろいろな状況が発生しますが、ルールブックにすべてが書かれているわけではありません。思わぬことが起こった場合、常識的な考え、道理に基づいてとっさに判断できるか、といったことが必要になります。あとは「表出力」。いくら大変な事態でも動揺していないフリをすることでしょう。

――精神的には何が必要でしょうか？

辻村　**何があっても動揺しない強い心がないとこの仕事はできない**と思います。ナイーブな人が続けていくにはむずかしいでしょう。審判をはじめた頃は選手からののしられることがよくありました。どうしてここまで言われないといけないのかと思うようなことは度々あります。グランドスラムで主審を務めるようなベテラン審判でも、超満員のスタジアムで選手に罵倒されることがあります。当然、私たちも選手からいろいろなことを言われます。そのような状況で冷静に対応できるか。それから、売り言葉に買い言葉となってしまうといけないので、火に油を注がないようにおさめられるかです。試合中の選手は興奮しているのでとんでもないことも言いますが、同じように返してはいけません。

審判の講習会で教えられるのは「Player has the last words（捨て台詞は選手に）」ということ。**最後の言葉を審判が言ってはいけない、選手に言わせて終わるというのが鉄則**です。それにその後も引きずってしまうといけないので、いかにすぐに忘れて試合の最後まで集中できるかです。

――審判の講習会では、メンタリティの鍛え方や試合中の気持ちの持ち方などのトレーニングもあるのですか？

辻村　ブロンズバッジ以上の講習会では、選手との効果的なコミュニ―ケーションの取り方や問題が起きた時の対処の仕方、問題を未然に防ぐテクニックなど、より高度な審判テクニック（Advanced Officiating Techniques）について話し合われます。しかし、どのようにメンタルを鍛えればいいのかといったことは具体的にはありません。

ですから、精神的な強さを身につけていくには経験が一番でしょう。最初のうちは私もベテランの審判の言動を真似しながら、どのように対処すればいいのか試行錯誤していました。大会のレベルで違いはありますし、当たり前ですがそれぞれ対応する選手によっても違います。ルールブック、教科書ではわからないので、経験を積むしかないと思います。ただ、審判を査定するシステムがあり、その際にベテランの審判からアドバイスがもらえます。それに審判をした試合のビデオを見ることも可能なので、それを見て振り返ることもできます。いろいろ参考にしながら考えています。

なくした信頼を取り戻す

――試合前はどういった手順を行って、気持ちの準備をされますか？

辻村　特に儀式のようなものはありません。ただ主審や線審は試合の手続的な準備を行いますし、試合前はPCやスマートフォンの画面を長時間見ることは避け、目のストレッチを行います。精神的には、落ち着いて集中できるように、静かな場所に移動します。集中はしますが、気持ちを高めるわけではありません。余計なことを考えないようにするといった感じでしょうか。

――プレッシャーやストレスに対して、精神的には鈍感なほうがいいのでしょうか？

辻村　ミスをして一晩、眠れないようなこともありますが、引きずってはいけません。**打たれ強いという意味では、鈍感さは必要**でしょう。しかし**鈍感であると、同じ過ちを繰り返してしまう恐れ**があります。状況や相手の意図、主張を察知できない鈍感さは良くないと思います。

選手は試合中、感情的になっているので、きつい言葉を投げかけてきます。しかし試合後、冷静になると選手は言った言葉自体を忘れてしまうことがよくあります。私たちはどうしても選手の言葉をまともに受け止めてしまうので、その意味でも鈍感さは必要なのかもしれませんね。

――ジャッジをするうえで選手との信頼関係は大切だと思います。関係を築くには、試合の中で良い仕事をするしかないということでしょうか？

辻村　いくら話しやすくて、親切で、温厚な選手が相手でも、オンコートでの仕事がすべてです。当然、選手と深い付き合いをすることは審判の倫理規定で認められていませんが、オフコートで挨拶をしたり立ち話をすることはあります。主審として求められる仕事ができるようになれば、自然と良い人間関係が築かれ、オフコートでも気持ち良く接することができると思います。

試合で問題が起こると、その選手からの信頼を失います。**失った信頼を取り戻すには、その選手を避けずに主審をして、良い仕事をするしかありません。**いくらオフコートで選手と良い関係が築けていても、ジャッジへの不信はかなり長い間、記憶に残ります。選手側は、あの主審は避けてほしいとスーパーバイザー、レフェリーにリクエストできますし、大きな大会では余計なトラブルを避けるために、問題が起きた主審と選手はある一定の期間、合わないように組み合わせをします。それにATPツアーでもWTA（Women's Tennis Association）ツアーでも、もともとトラブルの多い選手は、信頼性の高いベテランの審判だけが割り当てられるようになっています。それでも再び審判をして良い仕事をすることが信頼を得る唯一の方法です。その時は、何があっても失敗は許されません。

――審判には正確なジャッジのほかに、試合をコントロールするという仕事もありますね？

辻村　主審の仕事がきちんとできていれば、コントロールする必要はないですし、それほど意識することもありません。ですから良いジャッジをすることに尽きますね。ただ、

問題が起きる前に、問題になりそうなものを取り除くというのが私たちの鉄則です。たとえば、観客席で携帯電話の音が鳴った時にすぐに注意をすれば、選手はナーバスにはなりません。それに「この主審は状況が見えている」と選手から信頼を得ることができます。かと言って、何も起きていないのに過剰に反応するのも良くありません。

ベテラン審判との差は問題が起こった時に表れます。選手のクレームに対してルールブックを振りかざして突き放していては、たとえ審判に間違いがなくても試合のコントロールはできません。選手は自分が誤っているとわかっていても、感情を発散したい時があります。それを聞いてうまく応えること、コミュニケーションを図ることも必要です。

――人間がすることですからミスジャッジもあると思います。その際の気持ちの立て直し方はどのようにするのですか?

辻村　間違えないに越したことはありませんが、誰しも間違いはあります。私たちの間では、**判定を選手に受け入れてもらうことを「ジャッジを売る」**と言って「Don't try to sell the unsellable（売れないものを売ろうとするな）」という言葉があります。たとえば、ミスジャッジが起きた時に「見えなかった」と正直に間違いを認めることがあります。選手は怒るところですが、それまで毅然とした態度できちんとジャッジをしていれば、ミスは起こるものと選手も知っていますから、納得できないまでも理解はしてくれます。それをあやふやなジャッジが続いていたり、無理矢理、判定を正当化させようとする、**売れないジャッジを売ろうとすると試合が壊れてしまいます。**その後もミスをしたボールの痕はずっと光って見えたりするのですが（笑）、精神的に引きずらないようにすぐに切り替えないと、次のミスを招きかねません。もうひとつ大切な言葉で、**「The most important call is next call（もっとも重要な判定は次の判定である）」**というものもあります。今の判定がどうだったかよりも、次の判定が重要だから切り替えて次に集中しなさいということですね。

すべての出来事は最善のために起こる

――気持ちの切り替えは審判でも選手でも重要なことだと思いますが、どのようにトレーニングしていくものなのでしょうか？　やはり経験でしょうか？

辻村　気持ちを切り替えるのは簡単ではありませんが、**経験を重ねることでミスを引きずる時間は短くなってきた**と感じています。**ミス自体は自分に自信がないから起きる**のだと思っています。私は、海外のベテランの審判と比べると、何か起こった時に「自分が間違っていたのでは？」と思ってしまう傾向にあります。彼らに対して、私がまだまだ自信が足りないからでしょうが、気性や国民性の違いもあるのかもしれません。

ただし、自分のジャッジに不安を持ってしまうと試合を壊しかねません。ベテランの主審がミスをしても選手はジャッジを受け入れることがあります。信頼関係ができていて、それまで毅然としていれば、ジャッジを売ることができます。ですから**ミスが起きても不安を持たず、たとえ心の中がもやもやしていても表には出さないように**心がけています。

――グランドスラムだと2週間以上、審判を続けるわけですが、精神的なストレスが溜まっていきませんか？

辻村　何もなければ身体的な疲れだけで終わりますが、試合で問題が起きると精神的な疲れも溜まります。しかしそれは乗り越えるしかないので、とにかく起きてしまったことは考えないように自分に言い聞かせていますね。やはり精神的に強くないと審判は務まりません。グランドスラムでは他のツアーと違って、何も起きていなくてもプレッシャーは常にあります。

——ツアーのレベル、男女の違いで気持ちの持ち方は変わってきますか？

辻村　男子の大会ではほとんどが男子の審判なので、女性審判の評価は、まず試合前の段階で平均点以下だと言われました。そこからのスタートで正確にジャッジしてようやく平均点。だからミスは許されず、ピリピリした雰囲気になるので、気持ちの入れ方は違います。選手との信頼関係は、経験に加えて、試合の数をこなしてどれだけ顔を売っているかなので、ＡＴＰで仕事をする機会が少ないと厳しくなってきます。

——大変なことが多いですが、それでも審判を続けられているのですね。

辻村　スポーツも語学も一緒ですが、はじめてしまったからには上手になりたいという気持ちですね。テニスが嫌いなわけではありませんし、世界のあちらこちらへ行けることも楽しみのひとつですが、審判の仕事が楽しくてしょうがないという感じではありません（笑）。他の審判の中にはテニスが大好きではじめられた方や、審判に興味を持って上を目指している方もいらっしゃるので、私はちょっと違う感覚かもしれません。

これまで数え切れないほど選手に罵倒されてきて、主審台の上で、「この仕事はからだに悪い、精神状態にも悪い、何が楽しくてここに座っているのだろう？」と思うことはよくありました（笑）。ただただメンタルを強化していかないと……。さらに打たれ強くなって、失敗をいい経験だと思って次に生かしていかないといけないと思っています。

私は基本的にはプラス思考で「**Anything happens, it's for the best（すべての出来事は最善のために起こる）**」だと思っています。どんな悪いことがあっても、それは良いことが起きるためにあること。失敗があったとしても、選手の信頼を失ったとしても、前向きに次はがんばっていこうと。いつか嫌なことも振り返って、笑って話せる時がくると思っています。

※1：ITF（International Tennis Federation、国際テニス連盟）が公認する国際チェアアンパイアの資格。ゴールド、シルバー、ブロンズの3段階があり、ブロンズバッチ以上を日本国内で取得している主審は2名のみ
※2：資格を持ちELCにおける機械判定の監視と責任を負う審判

Profile

辻村美和（つじむら・みわ）

1965年10月21日生まれ、大阪府出身。2001年ITFホワイトバッジ、2006年ITFブロンズバッジ取得。北京オリンピックでは線審、リオデジャネイロオリンピックではレビュー・オフィシャルを務めた。現在はWTAツアー、ATPチャレンジャー、ITF大会で主審をする他、全豪、ウィンブルドン、全米、デビスカップ・フェドカップワールドグループでレビュー・オフィシャルとして勤務。

Chapter

4

自分のメンタルスキルを分析しよう

メンタルトレーニングを実践していくと、自分が得意なものと不得意なものが明確になると思います。第4章では自己のメンタルスキルを把握して評価していきます。足りないメンタルスキルを認識し、日々のトレーニングに活かしてください。

評価の方法

スポーツ審判員のメンタルについて話してきた本書も、いよいよ第4章まできました。それまで漠然と抱えていたストレスの原因がはっきりしたという方も多いのではないでしょうか。自信を持って笛を吹けるようになったという方もいると思います。

この本を手に取ってくださった方の多くが、現役のスポーツ審判員、あるいは将来、スポーツ審判員を目指している方だと推測します。または、メンタルを強化したいと思っている現役のアスリート、スポーツ少年団やクラブを率いる指導員の方もいるでしょう。どのような立場であれ、はじめから完璧にメンタルをコントロールできる人なんていません。そもそも、**自分に足りていないメンタルスキルを認識していない人**のほうが多数派です。

みなさんは子どもの頃、まわりの大人から「集中しなさい！」と言われたことはありませんか？　ところが、これはあまりにも抽象的な言い方で、実際に何をすればいいのかわかりません。そもそも、どうやって集中すればいいのかも知らないため、いつの間にか精神的な不安が蓄積されていくのです。

スポーツの審判員も一緒です。まずは、**自分に足りないメンタルスキルを認識し、それを克服する具体的な方法を知ることが最優先**です。

第4章では、審判員に求められる「メンタルスキル尺度」を紹介し、それを利用したワークシートについて述べていきます。自分に足りないメンタルスキルを知るうえでとても役に立つので、ぜひやってみてください。

6つの心理的尺度

はじめに「メンタルスキル尺度」について触れておきましょう。

今でこそ、公正で冷静なジャッジが行われるために、各競技団体における審判員のメンタル強化が重要視されています。ところが、それまでスポーツにおける心理学の研究は、各競技種目の〝主役〟である選手や指導者だけにスポットが当てられてきました。同じスポーツでも、審判員のメンタルに関する研究はほとんど注目されていなかったのです。

そこでスポーツ心理学の専門家による「スポーツ審判員に求められる心理的スキルの評価」（2018年）という研究では、ジャッジパフォーマンスに影響を与える審判員のメンタルスキルに焦点を当てました。

各競技団体の審判員352名を対象に行われたアンケートをもとに作られた心理的特徴を測定する、それが「メンタルスキル尺度」です。「自己コントロール」「表出力」「意欲」「自信」「コミュニケーション」「集中力」の6因子から構成されています。

●**自己コントロール**……「トラブルがあると動揺する」「気持ちの切り替えが遅い」など、試合中におけるメンタルの安定について

●**表出力**……試合中の表情や態度。「動揺してもポーカーフェイスを努めている」「ミスをしても表情に出さない」など

●**意欲**……「審判員の講習会や勉強会に積極的に参加している」「やる気を持ち続けている」など向上心を表す

●**自信**……「審判員としての自分に自信を持っている」「円滑に試合を進める自信がある」などについて

●**コミュニケーション**……「選手と良い距離を築けている」「審判員同士のチームワークを大切にしている」など、選手や他の審判員との関係性

●**集中力**……試合中の集中力について。特に「今どこに注意を向けなければいけないか」を感じ、うまく気持ちを切り替えることが重要

みなさんにとって、気になる内容は含まれているでしょうか。

たとえば、日本テニス協会が発行するルールブックには、審判員の役割について次のように明記されています。

「主審は選手がプレーに集中できる環境を作り、試合の進行に必要なアナウンスをし、スコアカードを記入し、時間をはかり、プレーが規則に則って行われていることを確認し、試合をスムーズに終了させること」

ここで何が言いたいかというと、審判員の役割は、勝利を追求するアスリートとは異な

る、ということです。特に**「表出力」や「コミュニケーション」は、試合を円滑に進めることを目的とした審判員特有のもの**と言えるでしょう。

先にも述べたように、どの競技種目においても複数の審判員で構成された〝審判団〟が主体になって試合を進めていきます。審判員同士のチームワークが重要であることは言うに及びません。

また、選手や監督からのクレームを解決するには、コミュニケーション能力を備えておく必要もあります。時には、**言葉だけでなく、表情やアイコンタクト、ジェスチャーなどの非言語的コミュニケーションを駆使して適切に対応しなければいけない。**その点では、「表出力」のトレーニングを行っておくことも大切と言えます。

次項では、さまざまな競技団体の審判員を対象に行った過去の調査結果を紹介します。それを参考にしながら、みなさんも取り組んでみてください。

評価をどう捉えるか

２０１５年１月から６月にかけて実施された調査について触れておきましょう。

この調査は、複数の競技種目（サッカーやテニスなど）において審判員の資格を持つ３５２名を対象に行われました。平均年齢は39・１歳で、審判員としての経験年数は平均15・３年でした。

それぞれの競技団体で基準は異なりますが、資格レベルにはもっとも下の４級（Ｃ級）から上位の１級（Ａ級）まで幅があります。

表1の質問項目は、審判員のメンタルに関するインタビューをもとに作成されたものです。記入してもらう際は、「いつもの自分にもっとも当てはまる選択肢の数字ひとつに丸印をつけてください」とだけ伝えられました。

それぞれの質問に対して、もっとも望ましいとされる回答に５点が与えられ、４、３、２、

表1　審判員のメンタルスキル尺度の因子項目

因子	質問項目	回答					合計点	平均点
		いつもそうである	たいていそうである	ときどきそうである	まれにそうである	ほとんどそうではない		
自己コントロール	1．大きな大会になると緊張しすぎる	1	2	3	4	5		3.71
	2．トラブルがあると精神的に動揺する	1	2	3	4	5		3.43
	3．過去のミスも引きずってしまう	1	2	3	4	5		3.42
	4．気持ちの切り替えが遅い	1	2	3	4	5		3.80
表出力	5．動揺してもポーカーフェイスに努めている	5	4	3	2	1		3.81
	6．たとえミスをしたとしても、表情には決して出さない	5	4	3	2	1		3.54
	7．迷いや不安を感じても表情には出さないでいる	5	4	3	2	1		3.82
	8．トラブルがあってもポーカーフェイスを保っている	5	4	3	2	1		3.72
意欲	9．審判に対する向上心を持ち続けている	5	4	3	2	1		3.83
	10. 審判講習会や勉強会などは積極的に参加している	5	4	3	2	1		3.72
	11. 良い審判員の技術を習得しようと勉強している	5	4	3	2	1		3.81
	12. 常に自分を高めようとする気持ちを持っている	5	4	3	2	1		3.73
自信	13. 自分には良いジャッジをする自信がある	5	4	3	2	1		3.37
	14. 審判としての自分に自信を持っている	5	4	3	2	1		3.45
	15. 経験を積んできたから大丈夫だという自信がある	5	4	3	2	1		2.89
	16. プレッシャーの中でも、良い判断ができる自信がある	5	4	3	2	1		3.41
コミュニケーション	17. 審判員のチームワークを大切にしている	5	4	3	2	1		3.80
	18. 他の審判員と協力して試合に臨んでいる	5	4	3	2	1		3.83
	19. 選手が怒っても、うまくなだめることができる	5	4	3	2	1		3.22
	20. 他の審判員とコミュニケーションをとっている	5	4	3	2	1		3.81
集中力	21. 集中すべき対象に、集中し続けることができる	5	4	3	2	1		3.83
	22. 集中が乱れた後に、自分なりの方法で回復できる	5	4	3	2	1		3.51
	23. 一旦気持ちが切れても、集中し直すことができる	5	4	3	2	1		3.72
	24. 集中を保つため、オンとオフの切り替えができる	5	4	3	2	1		3.71

【やり方】

1. 1～24の質問項目に当てはまる回答を1～5から選び、◯をつける
2. ◯をつけた数字を足して、6因子それぞれの合計点を出す

1点と点数が下がっていきます（自己コントロールのみ逆順）。つまり、点数が高いほど、メンタルスキルも高いことを意味します。

表1の「メンタルスキル尺度」につけられた点数を分析したところ、次のような傾向がわかりました。

●**自己コントロール**……資格レベルが高い審判員ほど試合中にうまく気持ちを切り替えており、ミスジャッジをしても冷静さを保っている
●**表出力**……ミスジャッジやトラブルが起きた時も、動揺しているところを顔に出さない
●**意欲**……資格レベルに限らず、審判員としての技術を改善、向上させたいという意識が高い
●**自信**……資格レベルに限らず、多くの審判員が自分のジャッジに自信を持っている
●**コミュニケーション**……他の審判員と協力し合いながら試合に臨んでいる
●**集中力**……オンとオフを切り替えながら集中力を持続している

また、各項目ごとに平均値を割り出しました。平均値をみると、高低差があるのがわか

ります。それぞれの「メンタルスキル」の尺度であるため、差が出るのは当然です。なかには「意欲は高くても、他人とコミュニケーションを取るのが苦手」「集中力は高いけど、思ったことがすぐに顔に出る」という方もいるでしょう。競技種目によっても、審判員に求められるメンタルスキルは異なります。

また、自分の点数が平均よりも低いからといって、それがそのまま審判員としてのレベルを表しているわけではありません。ただし、資格レベルが高い審判員であるほど、メンタルスキルも高いことは示されています。

それが次の**表2**です。特定の競技種目の審判員を2群に分けて調査しました。

①「B級取得から2年経過。全日本大会で50試合以上の経験が必要なA級審判員」（106名）

②「地域ブロック大会で30試合の経験が必要なB級審判員」（56名）

すると、すべての因子において、①の平均値が②を上回っていることがわかりました。

したがって、高い資格レベルの審判員を目指すには、メンタルスキルを高めることが重要だと言えます。

表2　資格レベルによるメンタルスキル得点の比較

	①資格A級	②資格B級
	平均値	平均値
1. 自己コントロール	14.8	12.3
2. 表出力	15.2	13.3
3. 意欲	17.3	16.4
4. 自信	13.7	11.1
5. コミュニケーション	16.0	15.0
6. 集中力	14.8	13.3

大切なのは、自分で自分を分析し、メンタルスキルを評価すること。**診断によって得られた評価を把握し、弱いところを重点的に強化することが、メンタルトレーニングの効果を高めるポイント**です。

自分自身の変化を知る

自分のパフォーマンスを振り返り、「自分を知る」ことは心を調整するための第1歩です。自分の良いところがわかったらそれを伸ばしていく努力をしましょう。また、自分に足りないところがわかったらそれを改善していくことも必要です。どんな時に調子が良かったのか？　その時心やからだ

図6　メンタルスキルの自己分析

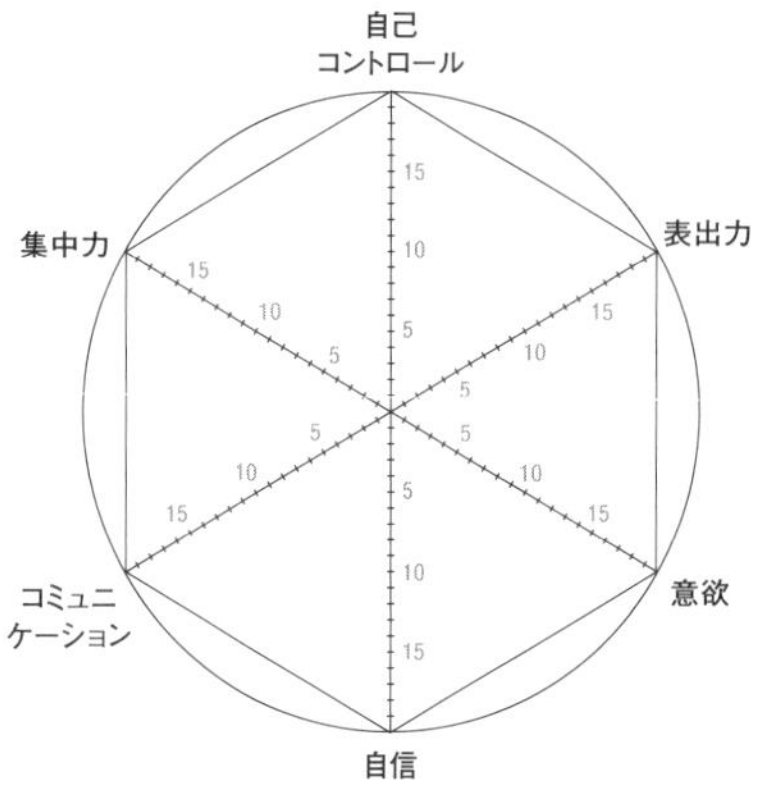

【やり方】

1. 170ページの【表1】の各因子の質問項目の回答に○をつけて合計点を出す
2. 各因子項目20満点中のメモリに合わせて自己の合計点を記していく
3. 6因子のメモリをつなぎ合わせて、六角形を作る
4. メンタルスキルのストロングポイント、ウィークポイントやバランスを分析する

【例】

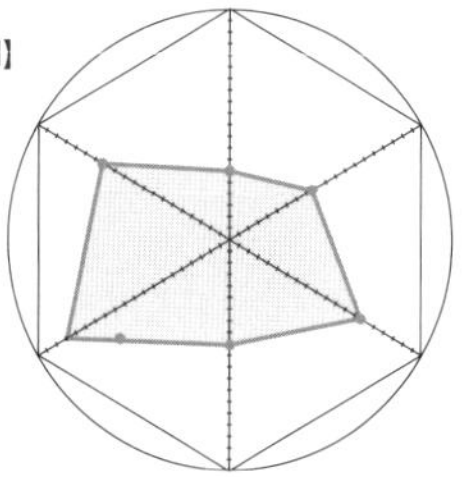

はどうだったのか？　その原因は何だったのか？

これらのことを明らかにしていくことで、自分が気づかなかったことが見え、課題が明らかになってくるのです。

特に、**審判活動は、成功と失敗が連続的に起こるストレスフルな場です。そのため「不安」「恐れ」「迷い」「怒り」などといった心理的なプレッシャーが渦巻いていると言ってもよいでしょう。そんな時に、からだ、考え方、行動、気分など自分自身に起こる変化に気づかなければなりません。**気づくことによって対策がわかってくるのです。

Top Referee Interview

トップレフェリーインタビュー04

【バレーボール】

村中 伸

Shin Muranaka

日本の球技スポーツのなかでも

人気が高いバレーボールにおいて、

東京オリンピックの審判員に

ノミネートされている村中氏。

中学校教員をしながら、国際審判員として

活動を続けるうえでのモットーとスタンスを聞いた。

もともと緊張したり、頭が真っ白になったり、プレッシャーを感じるタイプではない。それまでの過ごし方が何よりも大事で、準備をしっかりしておけば、ストレスやプレッシャーを感じることもない。

©FIVB

――はじめに審判員としての現在のお立場から教えてください。

村中　バレーボールの国際審判員をしています。ただ、国際審判員といってもさまざまなカテゴリーがあり、私が属しているのは一番上のカテゴリーAになります。同じ資格を持っている審判員は、今の日本に2人しかいません。そのため、国際大会で笛を吹くことが必然的に多くなります。

――年間でどれくらいの試合を担当するのでしょうか。

村中　2018年を例にあげると、9月に男子の世界選手権がイタリアとブルガリアで開催され、3週間でトータル10試合ほどを担当しました。世界選手権クラスの大きな大会の場合、開幕の3日前に入って時差を合わせるのが一般的です。

また、バレーボールは年に一度、ネーションズリーグという大会が世界各国で開催されます。そこにも参加しました。ファイナルを含めると6週にわたって行われるのですが、私が担当したのはそのうちの3回。1回でだいたい1週間から10日間、滞在します。あとは、12月に行われたクラブチームの世界一を決める世界クラブ選手権ですね。国際審判員としてはそういう活動をしており、国内では主にVリーグで笛を吹いています。Vリーグは基本的に土日の2日間あり、年間でだいたい20試合を担当します。

――バレーボールの審判員はその試合の権限を持つ主審（ファースト・レフェリー）と補佐的な役割の副審（セカンド・レフェリー）に分かれます。村中さんの主な役割はどちらですか？

村中　ひとつの試合で任されるのは、主審か副審のどちらかです。また、今は「チャレンジレフェリー」と呼ばれるビデオ判定を担当する審判員も採用されています。新たに役割がひとつ加わったので、国際大会では担当する試合の数が増えました。

――他の競技種目との違い、バレーボールのレフェリーならではの特徴はありますか？

村中　日本トップリーグ連携機構という団体があり、他の競技種目のレフェリーとも話をする機会があります。そのなかで改めて感じた違いは、バレーボールのレフェリーは「走らない」ということ。だから、定年も遅くて55歳です。そう考えると体力面でストレスを感じることはほとんどありません。もちろん、フルセットにもつれ込んで、試合時間が2時間にも2時間半にもなれば、体力的にも疲弊します。メンタル面も同じ。**細かいところを見なければいけないので、動けないからこそ集中力が必要**になります。また、サッカーやバスケットボールのようにずっとプレーが動いているわけではないので、**笛を吹いてからどちらかに得点が入るまでの集中している部分と、次**

のプレーに入るまでのリラックスしている部分、その組み合わせが必要になってきます。

――体力面はまだしも、年齢を重ねるに従って目がついていけなくなることはありませんか？

村中　私は今48歳ですが、まだ大丈夫です。そこは経験もありますから。ただ、私は普段、北海道に住んでいるのですが、なかなかトップレベルのバレーボールが見られないという課題があります。目を慣らすのが大変で、そこは苦労しています。

――バレーボールのスパイクは男子で時速100キロ以上と言われています。特にシーズンのはじめはイン・アウトの判断に苦労しませんか？

村中　それでも、Vリーグがはじまってコンスタントに吹いていると、目もだんだん慣れてきます。最終的にはVリーグの決勝など国内でもトップレベルの試合を担当するので、目もついていくようにしないといけません。

ただし、困るのが国際大会です。今でこそ、世界のトッププレーヤーが、日本のVリーグで活躍する時代になってきましたが、世界のトップレベルのような試合は、日本ではなかなか見られません。世界選手権ほどの大きな大会は、日本代表が1次ラウンドで敗れるほどレベルが高いですから。なので、男子の場合、日本のトップと世界のトップはイコールではないと思っています。日本人としては、そこが少しつらいところ。そのため、国際大会の笛を吹くために海外へ行く時は、自分が担当する試合でなくてもできるだけたくさん見るようにしています。貪欲に吸収していかないと、男子の試合はなかなかむずかしいですね。

——目のトレーニングでやっていることはありますか？

村中　バレーボールの試合を見るということ自体がトレーニングになります。たとえレベルが低い試合でも、レベルが高いところを経験したことがあれば、少し意識を変えるだけでずいぶん変わって見えます。ボールのスピードが遅くても、あるいはそれほどハイレベルなプレーじゃなくても、目やからだの動かし方はハイレベルな試合をイメージしながらできます。ですから、なるべくたくさんの試合に触れておくのが一番かなと思います。

——目を慣らす時は、実際に体育館に行ってみることが多いですか？　それともパソコ

ンやテレビなどの映像で見ますか？

村中　パソコンやテレビも使いますが、映像で選手のプレーは見ません。映像で見るのは自分のパフォーマンスですね。目線をどんなふうに動かしているか、ジェスチャーやハンドシグナルはどうか、そういうのを映像で見るようにしています。また、今は動画配信サイトで海外の試合も手軽に見られます。それを使って、試合中に起こり得るトラブルをよく見るようにして、**「こういうトラブルが起きた時はこうやって対処しよう」というように、イメージを作っておきます。どんな試合でも、トラブルというのは起こり得ますから。他の競技種目でも乱闘などがあった時はできるだけ敏感に見るようにして、どうしてこうなったのかと自分なりに分析しています。**そうなるまでには、きっと何らかの布石があったはず。では、自分が担当する試合でそうならないようにするには何を心がけておけばいいか、あるいは実際にそうなってしまった時はどうやって対処したらいいか。そういうことをイメージするようにしています。

――コートの外から見ていると、スパイクしたボールがブロックに当たる音が聞こえることもあります。正しい判定をするうえで、耳も重要ですか？

村中　耳だけでなく、五感を使いなさいとよく言われます。ただ、最近は審判員がヘッドセットをつけることが多く、片方の耳が塞がれた状態になっています。国際大会になると、主審、副審、記録員、チャレンジレフェリーの4人がヘッドセットをつけていて、関係のない音をマイクが拾って聞こえてくることもあります。ですから、判定を耳に頼ることはほとんどありません。しかも、国によっては熱狂的なファンがスタンドを埋め尽くし、笛の音が聞こえないほどの大歓声が響いているところもあります。そういうところでは、音での判定がむずかしく、目で見たもので判定していくしかないですね。

自分自身が集中できていない時

――バレーボールでは2014年の世界選手権からビデオ判定システムが正式導入されました。Vリーグでも2016年からチャレンジシステムが採用されています。ビデオ判定によって審判員の役割は変わりますか?

村中　チャレンジを要求されて判定が変わったということは、自分の判定が間違っていたことを意味します。それに対してストレスを感じる審判員は確かにいるようですね。ですが、私自身はそれほど気にしていません。もちろん、チャレンジの要求をされないのが一番いいし、たとえチャレンジを要求されても自分の判定が合っているほうがいい。でも、やはりチームにとっては、正しい判定で試合が進んでいくのが一番いいわけです。以前はワンタッチが見えなくて「アウト」と判定したら、スパイクを打った選手から「(ブロックに)触っているよ」と何度も言われて、試合が止まってしまうこともありました。でも、判定は変えられないし、選手も「ちゃんと見てくださいよ」という感じでストレスをためてしまう。審判員とチームの信頼関係も悪化しかねません。でも、今はそんなふうにはならない。**ビデオ判定が導入されたことでとてもやりやすくなったし、ストレスを感じることもない**ですね。

――先ほど、動画配信サイトで試合中のトラブルを確認しているとおっしゃっていましたが、どういうものが多いですか?

村中　一番大きくなるトラブルは、ネットを介したプレーですね。バレーボールの場合、身体接触はないのですが、選手同士によるネット越しのやりとりがいろいろあります。特に男子の場合、乱闘に発展する恐れもあります。

――言葉による応酬があるということですか?

村中　視線や態度もそう。聞こえるか聞こえないかの小さな声で相手を挑発する選手がいてもおかしくありません。しゃべってはいけないというルールはありませんからね。それを、まだ小さいうちに摘んでおけばいいけど、ちょこちょこやっているのを審判員が気づかず、注意ができなかったりすると、急に大爆発を起こすことがあります。そこは一番、気をつけています。自分の判定に対してクレームを言われるのはまだいいんです。そうではなく、選手同士のやりとりの中で、不満がどんどん募っていき、いつか大きく爆発する。日本ではそこまで大きくなりませんが、海外の試合になると殴り合いに発展して、両チームにレッドカードが出ることもあります。主審は審判台に乗っていてすぐには仲裁に入れませんから、副審が間に入って静止することになる。そこまでいくと、収拾がつかなくなってしまいます。

――日本の試合ではまず見かけません。

村中　そうですね。でも、時々、前触れのようなことはありますよ。たとえば、相手のスパイクをブロックで止めた時に起きやすい。ブロックをした選手が、興奮のあまり派手なガッツポーズをしたり、相手を挑発するような言葉を発してしまう。仮に意図的ではなかったとしても、捉え方によってはスパイクを打った選手の逆鱗に触れる可能性はゼロではありません。私たちは「コントロール」という言葉を使うのですが、**選手の怒りが爆発する前に芽を摘んでおくことが大事**です。挑発された選手が相手に向かっていく前にピピッと笛を吹いて、挑発した選手に注意する。必要であれば、イエローカードを出して警告を与えます。そうやって、選手同士の衝突を未然に防がなければいけません。

——その意味では、試合前に選手の性格的な部分も調査するのですか?

村中　はい。国際大会に出場する選手はもちろん、国内の試合でも出場する選手の性格はある程度把握しています。特に外国籍選手の中には、普段は紳士的に振る舞っていても、試合になるとカッとなりやすい選手もいますから。日本人でも、チームの中心になるような選手とは、試合中にうまくコミュニケーションを取るようにしています。目を合わせるくらいしかできないのですが、トラブルが起こりそうな時はその選手をパッと見て目で会話をする。中心になる選手が冷静であれば、チームがそこまでエキサイトすることはないですからね。

——ネット際のやりとりに対しては、常にアンテナを張っている状態ですね。

村中　ラリー中はみんながボールに集中しているから、問題が起こることはないんです。だから特に気にするのは、**ひとつのプレーが終わって、次のプレーが始まるまでの間。私の中でルーティンがあって、その間にいろいろなところを見るようにしています。**副審、ラインジャッジ、控え選手がいるアップゾーンやベンチも見ます。ボールを選手に手渡すボールリトリバーや床を拭くモッパーも視界に入っていますね。そうしたルーティンのひとつに、ネット際に目を向けるという部分があります。次のサーブの笛を吹くまでに、いろいろな場所に目を移すということを、1回1回必ずやっています。

――落ち着きを取り戻すなど、メンタル面でのルーティンはありますか？

村中　それこそ、気持ちを落ち着かせるためにルーティンをやっているようなものです。興奮すると、ルーティンができなくなりますから。**ルーティンをやっていないという時は、自分自身が集中できていない証拠。何か違うこと――、違うことといっても試合のことですが、そこに気を取られているんです。**だから、そんな時は逆に、ルーティンを意識的にやるようにしています。ここを見て、ここを見て、というように、もう一度、自分の順序どおりにやる。そうやっているうちに、ルーティンのことさえ考えなくなり、またいつもの精神状態に戻っています。

――今日は良いジャッジができたなという試合の精神状態は安定しているものですか？

村中　そもそも「今日は良いジャッジができたな」ということをあまり思ったことがないですね。精神状態にしても、興奮することがあったり冷静だったりと、試合の中ではさまざまです。それに、審判員にとっては、何もない時が良い試合だったと言えるのではないでしょうか。

――他の競技種目の多くの審判員が同じようにおっしゃっています。

村中　わかります。審判員が目立ってはいけないですよね。私たちにとっては、「何もなかったよ」と言われるのが一番の褒め言葉かもしれません。

楽しいはじまりと使命感

――村中さんは若い審判員の育成にも尽力されていますね。

村中　私自身、日本バレーボール協会（以下・ＪＶＡ）の指導部の一員でもあるので、高い向上心を持っている人がいれば力になりたいと思っています。バレーボールの審判員にプロはなく、みんな他の仕事を持ちながらやっていますからね。若い人は特に、休みを取るのもたいへん。そんな人たちが活躍できるように、できるだけ貢献したいと思っています。

――国際審判員になるまではどのようにステップアップしていくのでしょうか？

村中　ＪＶＡ公認の資格には、名誉審判員、Ａ級審判員、Ａ級候補審判員、Ｂ級審判員、Ｃ級審判員、レフェリーインストラクターの6種類があり、都道府県協会が主催する審判員資格取得講習会を受けるとＢ級審判員の資格まで取ることができます。Ａ級審判員の資格を取るためには、ＪＶＡの審判規則委員会が主催する講習会に参加しなければいけません。これは、2年に一度、行われています。Ａ級審判員の中で国際審判員を目指すという人は、Ｉ（アイ）スクールに所属して、そこで研修を受けて実績を積み、最終的にはＪＶＡからの推薦を受ける必要があります。

――村中さんはどうやってキャリアを積んできたのですか？

村中　もともとバレーボールは中学生の頃からやっていました。はじめから審判員をやろうと思う人はいないですよね。私もバレーボールが好きでやっていましたが、途中で選手としては先が見えてしまったんです。選手としての実績は、大学でインカレに出場したくらい。はじめに審判員の資格を取りに行ったのは20歳の頃でした。ただ、それは学生としてルールを覚えるために資格を取りに行ったという程度です。学連で運営にも携わりますから。その後、教員になり、バレーボールの指導をしたいと考えていたのですが、トータルで2年ほどバレー部を持てない期間があったんです。その時に、先輩からの誘いもあって、審判員の世界に足を踏み入れるようになりました。その2年が大きかったですね。ですから、審判員をはじめたのは、教員になってから。その後、2008年に講習会を受講し、10年ほど前に国際審判員になりました。

——ほとんどの方が、別に仕事を抱えながら審判員としての活動を行っているわけですね。

村中　はい。私自身、現在は教育委員会の社会教育主事をしていますが、それまでは23年間、中学の教員をやっていました。バレー部の顧問もしています。今もバレーボールの審判員は教員の方が多いですね。高校の先生、中学の先生、もちろん会社員もいます。

――シーズン中は週末の休みがなくなるので大変ではありませんか？　出張が多いと、経済的な負担もあると思います。

村中　Vリーグなど国内の移動に関しては交通費が出るので、経済的な負担はそれほど大きくありません。プライベートの面で言うと、大変なのは家族の理解ですね。職場の理解ももちろん必要ですが、家族の理解がなければ続けることはできません。海外で試合がある時など、3週間くらい家を空けますから。

――大変であるにも関わらず、審判員を続ける理由は何ですか？

村中　はじめは楽しい、というのが大前提でした。もともと選手だったこともあり、「もっと上に行きたい」とか「負けたくない」という気持ちが強かったんです。たとえ、ローカルの大会でも、組み合わせ表を見た時に「この試合はおもしろくなりそうだな」というのがわかるじゃないですか。そうすると、その試合で笛を吹いてみたいと思ったり、実際に担当できてうれしかったりする。しだいに準決勝や決勝など、大会の最後の試合を担当する機会が増えて、それがステイタスにもなりました。審判員をはじめた頃は、そういうことが楽しかったです。

――今はどうでしょうか。

村中　誰かがやらなければいけないですからね。使命感のようなものは確かにあります。最初に言ったように、今の日本に国際審判員のカテゴリーAは2人しかいません。男性は私だけです。であるならば、自分が担当する試合で何か問題が起きてはいけないし、ちゃんと試合を終わらせないといけない。そういう責任感もあります。若い頃は安全な試合を割り当てられることが多かったですが、経験を積んだことで、今は1日に2試合あったら間違いなく厳しいほうの試合に当たります。それはある意味、うれしくもあるけど、一方でプレッシャーでもある。もちろん責任感もあって、ちゃんとしなければいけないという気持ちが強いですね。

審判員の経験は仕事に活かせる

――村中さんが自分のレフェリングに自信を持てるようになったのはいつ頃ですか？

村中　いまだに自信はないんですよ。でも、よくよく考えると、国際大会で笛を吹くようになってからでしょうか。国際審判員もはじめは各大陸からスタートするんです。日本だったらアジア。そこである程度の実績を積んで、さらにJVAの推薦などもあって、ようやく国際大会に参加できる。私もずっと若手だと思っていたんですけど、最近は上から数えたほうが早くなりました。そういう意味では、自分たちの世代が中心になってがんばっていかないといけないということは、同じ世代の人間が集まった時によく話します。私はその中でも数多くの国際大会で経験を積ませてもらっている。その中でもさらに中心にならなければいけないという気持ちは、年々、強くなっています。先輩方が引退していくのは、ある意味、不安ですよね（笑）。これからは、自分たちの世代が下の人間を守りながらやっていかなければいけないと思っています。

——バレーボールという競技の審判員をするうえで、村中さんが一番大切にしていることは何ですか？

村中　私は、なるべく**普段と同じ生活をしていたいと思っています。あまり変わったことはやりたくない。**海外に行ったとしても、出張で国内を転々としたとしても、普段やっているのと同じことをやります。たとえば、毎朝、健康のためにランニングをする。今までもずっとやってきたし、明日も明後日もするでしょう。海外に行っても必ずやります。治安のことを考えて、安全なところだったら外を走りますが、そうでないところではホテルのトレーニングルームで走ります。そのように、運動を必ずるとか、食事はこういうふうに食べるとか、習慣はあまり変えないようにしています。

――それもストレスを軽減するためのルーティンでしょうか？

村中　私はもともとプレッシャーを感じるタイプではありません。緊張で頭が真っ白になったり、からだが固まったりするようなこともない。ですから、それまでの過ごし方が何よりも大事なのかなと思っています。**準備をしっかりしておけば、ストレスやプレッシャーを感じることもない**でしょう。普段からそういうふうに生活することが大切だと思います。

――試合中に感情が起伏することはありませんか？

村中　動揺することはありません。試合が終わってから、まわりの人に「動揺していたでしょう」と言われることはありますが、自分ではほとんど感じていないんです。もちろん、審判台に立っている時は、ポーカーフェイスを作りますよ。判定に対して、突っ込まれないように心がけています。それに、国際大会の試合前に国歌を聞いている時はドキドキします。でも、いったん試合に入ったら、興奮したり落ち込んだり、感情が上下することはありません。むしろ、ラリーが続いた時は、「がんばれ、がんばれ」って心の中で両チームを応援しているくらいです。

――東京オリンピックは目標ですか？

村中　多くのスポーツにおいて、オリンピックは一番大きな大会ですからね。ただ、最終的に決めるのは国際バレーボール連盟（ＦＩＶＢ）で、いくら自分から手をあげてもできるものではありません。ＪＶＡからの推薦があっても、ＦＩＶＢが「この人にお願いしたい」と思わない限り、審判台に立つことはできないんです。もちろん、そこはひとつの大きな目標ではあります。

――バレーボールの審判員にとっての名誉とは何でしょうか？

村中　どのスポーツもそうだと思いますが、トップの大会のファイナルで主審を務めることはひとつの名誉ではないでしょうか。サッカーであればワールドカップ、バスケットボールやバレーボールではやはりオリンピックですね。特にバレーボールは、主審と副審で大きな違いがあり、主審が割り当てられたということはその大会の審判長が認めてくれた証拠。それが審判員としては最大の名誉かもしれません。

——お話を伺っていると、審判員をすごく楽しんでいるように感じます。

村中　それもあります。こんなことをやっている中学の先生って、あまりいないですからね。もちろん、中学の先生としても、バレーボールで培った経験は活かしたいと思っています。選手の心理を考えるように生徒の心理を考え、選手の行動を読むように生徒の行動を読む。時には選手を指導するように生徒を指導しなければいけないこともあるでしょう。**審判員として積み重ねてきた経験は、中学生の指導にものすごく活かせます。**たとえば、何をやろうとしているのかが、パッとわかるんです。「ここで注意しておいたほうがいいかな」「ここはまだ傍観しておいたほうがいいかな」。あるいは、目線をパッと合わせて、目で「ダメだぞ」と言うこともあります。せっかくいろいろな経験をしているわけですから、仕事に活かせなかったらもったいない。逆に仕事で得たことも、バレーボールに活かしたいと思っています。

——中学生くらいだと、顧問の先生が国際舞台で活躍しているのはうれしいですよね。

村中　確かに見る目は変わりますね。ただ、国際大会で日本の試合を吹くことがないので、たとえ日本でワールドカップや世界選手権が開催されても、私がテレビに映ることはありません。それよりも、Vリーグや天皇杯の決勝でたまにテレビに映ると、帰ってきた時に「見たよ」って言われたりします。保護者の方々からの反応もうれしいですね。

Profile

村中伸（むらなか・しん）

1970年4月21日生まれ、北海道出身。中学校の教員職を勤めながら審判業に携わり、2008年に国際審判員の資格を取得。現在、日本では2人しかない国際審判員の中でもトップのカテゴリーの資格を持つ。世界選手権やワールドカップなどの国際大会、Vリーグなどで活動中。

Top Referee Interview

トップレフェリーインタビュー05

【高校野球】

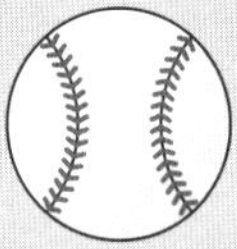

西貝雅裕

Masahiro Nishigai

日本高等学校野球連盟の審判委員として
夏の甲子園大会や春の選抜大会でも
審判を務める西貝氏。
すべての高校球児にとっての特別な舞台で、
どんなことを心がけているのか。
グラウンドに立った時の心構えを聞いた。

選手がプレーをしてくれるから、我々はジャッジができていろいろと勉強になる。選手が全力でやってくれるから、際どいプレーがたくさん出てきて、我々はうまくさせてもらっている。

photo/本人提供

――まず、西貝さんと野球との関わりについてお聞かせください。

西貝　私は小学生の時に野球をはじめました。そして中学、高校、大学でも続けました。いずれは野球の指導者になりたいと考え、高校の教員という仕事を目指して、大学は日本体育大学に進学し野球部に所属しました。大学卒業後にご縁をいただき、1989年に学校法人天満学園太成高校（現・太成学院大学高等学校）に保健体育科教諭として勤務することとなり、野球部の顧問、コーチも務めさせていただきました。

――希望していた指導者の道に進むことができたのですね。そこから審判になったのはどういう経緯だったのでしょうか。

西貝　私立の学校ですので部活動の顧問が代わるということはよくあることで、教員8年目に野球部を離れてソフトテニス部の顧問をすることになりました。ただ、その頃はまだ若かったので、いずれはまた野球部の指導をしたいと思っていました。その時に浦島太郎になっていたら困るので、野球部を離れている間にも、野球を勉強できる方法はないかなと考えて……。

――それが審判員だったのですね。

西貝　はい。１９９６年の3月に野球部の顧問から離れることになり、それまでであれば春休みはチームの練習試合などで毎日予定が詰まっていたのですが、その年の春休みはやることがなくなってしまったんです。傷心の状態で、阪神甲子園球場で行われていたセンバツを観に行きました。その時にたまたまグラウンドにいる〝審判〟という存在が目にとまりました。その時初めて〝審判〟という存在に気づいたと言っても過言ではありません。そこで、ふと「審判だったら野球をたくさん見られるし、勉強になるんじゃないかな」と考えました。

そんなタイミングには不思議なこともあるもので、ちょうどスタンドの階段を大阪府高校野球連盟（以下・大阪府高野連）の理事の先生が上がって来られました。お世話になっていましたので「実は野球部を離れることになりました」とご挨拶をしたんです。続いて厚かましくも「つきましては、審判をやってみたいんですが」とその場で相談しました。

――行動が早いですね。

西貝　誰がされているのか、どうすれば審判になれるのかなど、何も知らなかったものですから、「どうしたらいいんですか？」と聞いたんです。そうしたら、「じゃあ、大阪府高野連に履歴書を送って」と言われて。「履歴書?」と不思議に思いながら、帰ってすぐに履歴書を書いて送りました。すぐにでもさせてもらえるとばかり思っていましたが、忘れたころの6月に、大阪府高野連から審判講習会をするので来てくださいという一通の連絡がきました。それで審判講習会に参加しました。わけもわからず講習会を受講したわけですが、自分のまったく知らない野球の世界がそこにはありました。

――高校野球の審判には資格のようなものは必要ないのですか?

西貝 現在、アマチュア野球を統括している全日本野球協会(BFJ)では、2015年から「公認審判員の資格制度」(ライセンス制度)を採用しています。まだはじまったばかりですが制度自体はあります。しかしながら高校野球の場合にはライセンスなどの資格制度を必ずしも厳格に適用していません。現在、高校野球に携わる審判委員は約9000人です。高校野球ではそうしたライセンスがあるなしに関わらず、グラウンドに立てるようになっていると私は理解しています。都道府県連盟によってその認定の仕組は違うと思いますので一概には言えませんが、私の所属する大阪府高野連の場合であれば加盟校や審判委員からの推薦と、審判講習会を受講することによって、大阪府高野連の審判委員として登録してもらえます。

――では審判講習会を受けてすぐに審判デビューされたんですか。

西貝　翌月の夏の選手権大阪大会から、3塁の塁審としてグラウンドに立たせてもらいました。しかし、その初めての試合で自分がルールを知らないことに気がついたんです。ルールブックをしっかり読み込んだことがないということに気づいたわけです（苦笑）。それまではプレーについて、いわゆる野球技術の指導をする側だったので、〝勝つか負けるか〟ということが一番の関心事でした。そのための野球技術には興味がありましたが、ルールには興味がなく、自分がルールを知らないことに初めて気がつきました。野球をやっていたので、もちろんストライクとボール、アウトとセーフ、フェアとファールといったことはわかりますが……。いざ自分が審判委員としてグラウンドに立った時に、ルールを知らないことに気づいて、ものすごく怖くなりました。しかし、今考えると失礼な話ですよね。

たとえば塁審は、ランナーがいない場合は立っていればいいのですが、ランナーが出たら、セットポジションと言って、ひざに手を置いて低く構えなければなりません。私はそれすら知らずに、ただ立っていました。試合中に他の審判の方から「ランナーが出たら構えてください」と言われても、最初は意味がわからなくて……。ド素人ですよね。ボールを注視して、プレーをちゃんと見るために、姿勢を低くして構えるということなんですが、そんな動きさえもまったく知らなかったわけです。次の日も担当をいただいていましたので、帰ってからすぐに日本高野連が発行している「審判の手引き」を一生懸命読みました。必死です（笑）。

高校野球の審判員に必要な能力

――それが審判としてのスタートだったんですね。もともとは「指導者に戻った時のための勉強」としてはじめた審判を、今も、22年間も続けていらっしゃいます。

西貝 そうなんです。審判をやっているうちに……やっぱりおもしろいわけですよ。自分が実際に試合に参加するわけですから。高校生の試合に自分も立って、緊張もして、高校生のプレーを間近で見られる。もともと野球が好きですから、**もうひとつそこに違う野球があると知って、非常に楽しいというか、幸せで、審判のほうもおもしろくなっていきました。**

そうすると、欲が出てきて審判もうまくなりたいと思うようになります。一生懸命にうまい人の真似をしました。大阪は東西南北の4地区に分かれています。私はずっと東地区ですが、同じ地区にはお手本となる方々がたくさんいらっしゃったのでとても勉強になりました。以前は甲子園大会の試合を見ていても、どの選手がいいとか、勝ち負けしか見ていませんでしたが、自分が審判をするようになってからは、大会でも審判の動きも見るようになりました。

――審判のうまい、へたというのは何が違うのでしょうか?

西貝　今でもそうですが、当時は、ジャッジの形やタイミング、プレーを見ている位置が違うものだと考えていました。でも今は自分の中での〝うまい〟の定義が変わりました。技術的なこともちろんですが、高校野球においてはゲームをスムーズに進めることができるかどうかだと私は考えています。試合をいかに〝コーディネート〟するかということ、私の中では「コーディネート力」と考えています。人によっては「ゲームコントロール」という言葉を使いますが、私は、コントロールというよりはコーディネートだと思っています。**高校野球というのは高校生という子どもたちがやる野球ですから、できるだけそれぞれの選手の持ち味を引き出せるように野球をさせる、ゲームを進めることだと考えています。**それを指してコーディネートするというわけです。そのうえでジャッジを正確に行うことは大前提です。

ジャッジをして我々はジェスチャーをするわけですが、そのジェスチャーのことを

「デクレアー」と言います。デクレアーは〝お知らせ〟ということなので、選手だけでなく、ベンチも、スタンドで見ている人も、全員が「どっちかな？」と注目している時に、ジャストのタイミングで「今のはアウトでしたよ」「セーフでしたよ」と、どこから見てもわかりやすいジャッジができる人。そういう審判員が〝うまい〟ということになるのではないでしょうか。

――そのためには位置どりが大事ですよね。

西貝　技術的なことになりますが、位置どりは本当に大事だと思います。ルールブックの審判の項目にも、「審判員にとってもっとも大切な掟は、〝あらゆるプレーについてもっとも良い位置をとれ〟ということである」と書かれています。これがすべてではないでしょうか。「たとえ判定が完璧であっても、審判員の位置が、そのプレーをはっきりと明確に見ることができる地点でなかったとプレーヤーが感じた時は、しばしば、その判定に異議を唱えるものである」とも書かれてあります。つまり説得力がないということです。

――西貝さんは甲子園の選手権大会や選抜大会でも審判を務めていらっしゃいます。甲子園というのは審判の方々にとっても特別な場所なのでしょうか？

西貝　そうですね。まさに特別な場所だと思います。私の場合はご縁があって、大会に立たせていただいていますが、あくまでもひとつの大会ごとの委嘱という形です。したがって委嘱をいただけなくなることも当然あります。私はおかげさまで全国大会のグラウンドに立たせていただいて、今年で15年になりますが、最初の頃は、委嘱をいただけるかどうかとビクビクしていました。

むずかしい世界であることは間違いありません。というのは、甲子園大会という舞台は、アマチュア野球の審判技術のひとつの発信源でもあるからです。アマチュア野球には、社会人野球の都市対抗野球大会や日本選手権大会、全日本大学野球選手権大会、明治神宮野球大会などたくさんあります。最近はＢＳ放送やネット配信などでそれぞれの大会は中継されていますが、その中で地上波のテレビ中継で、試合開始から終了まで毎日全試合、日本全国に放送されるのは高校野球の甲子園大会だけです。ですから、高校野球に携わる審判委員として、そこから全国の審判仲間に審判技術も発信しているという意味もあるわけです。全国のみなさんの代表としてグラウンドに立たせていただいている大きな責任があります。

――甲子園は選手にとって特別な舞台ですが、審判にとってもやはり緊張感は違います

か？

西貝　特別な舞台ですから、当然緊張します。

――そういう緊張する場だからこそ、心がけていらっしゃることはありますか？

西貝　大阪府の大会も同じですが、やはり試合までの準備を大切にしています。**私はウォーミングアップをできるだけきちんとするようにしています。**ランニング、ストレッチング、体操など。「やりすぎだ」と怒られることもあるのですが。ウォーミングアップはやる人もいれば、さほどやらない人もいます。人それぞれペースがありますから、それはそれでいいと思います。**私は小心者なので、そうやって準備をして、汗をかきながら、からだと同時に気持ちも整えていくということを大事にしています。**

――そうした重圧のかかる場で冷静な判断を下さなければいけないという意味では、選手と同様、審判の方々にとってもメンタルコントロールは重要ですよね。

西貝　それはものすごく大切だと思います。私はもともとチームの指導をしている時期に、チームを強くしたいと思ってスポーツ心理学を勉強したことがありました。それが審判になってからも非常に役立っています。結局、選手と同じですから。

——選手と同じと言うのは？

西貝　一瞬のプレーに対して、自分が判断、判定をしなければいけません。したがって、ものすごく集中力が必要だということです。

——メンタルトレーニングをしたり、ルーティンを作ったりもされているのですか？

西貝　個人的にルーティンはたくさんあります。恥ずかしいぐらいありますね(笑)。具体的には、投球の合間にはいったんリラックスをして、視野を広くします。野手と同じですね。ずっと構えっぱなしでは固まってしまいますから。そして、プレーの判定をするための良い位置をとるためには、良いスタートを切ることが必要です。良いスタートを切るためには、ボールとバットが当たるまさにその瞬間に集中することが大切になります。そして、そのためには良い構えをすることが大切です。1球1球に対して選手と同様に逆算をして準備をすることになります。球審の時には球審としてのルーティン、塁審の時には塁審としての準備をする。私はそれぞれに一連のルーティンを持っています。

ルーティンには、試合中の一つひとつのプレーに対するルーティンと、大きな流れのルーティンがあります。審判も〝心技体〟が大事だと思います。やはり良いコンディションでグラウンドに立つことが大切であり、それが良い集中力につながると思っています。また、規則などに習熟していることも、自信を持ってグラウンドに立つためには大切なことだと考えています。

選手に力を出し切ってもらうために

――アマチュアの、特に学生の競技ということで、プロの競技との違いは大きいようですね。他に高校生だからということで意識されていることはありますか?

西貝　私は選手の名前を意識して呼ぶようにしています。たとえば、「キャッチャー」と呼ぶのではなくて、「○○君、行くよ」というふうに。

――そうすることで、言葉がより伝わりやすくなるのですか?

西貝　はい、伝わりやすいと思います。そしてスムーズに動いてくれると感じています。選手に対して「おい、君!」というよりも、「○○君!」と言ったほうが、親近感がわいて、「ハイ！」という返事が返ってきます。

――高校野球の審判の方はみんなそうされているんですか？

西貝　名前を呼ばれる方は多いと思います。2年前の選手権大会（第99回大会）の際に、ベテランの審判幹事の方に、「ボールボーイの名前も呼んでみたらどうだ？」とアドバイスをいただきました。それまで選手の名前は呼んでいましたが、ボールボーイの名前までは呼んでおらず、そんな発想すら持っていませんでした。さっそく次の試合の時に名前を呼んでみました。そうしたら非常に良いコミュニケーションが取れました。

――キビキビと動いてくれそうですね。

西貝　はい。それをまたベンチにいたチームの監督さんが聞いておられて、「甲子園というところはボールボーイまで名前で呼んでくれるんだな」という話を新聞記者の方にされて、我々のところに伝わったということがありました。やはり高校生の野球ですから、「おーい、ボールボーイ！」というよりも、「〇〇君、ボール頼むよ！」と言ったほうがいいですよね。ものすごく勉強になった試合でした。

――甲子園では近年、スタンドの大観衆が一方の高校に肩入れをして、いっせいにタオルを回して応援するなど、ある意味異様な雰囲気を作り出して後押しする試合が見られます。そうした球場の雰囲気に、審判のほうまで圧されるというようなことはないのですか？

西貝 私は、今ではそうしたスタンドの雰囲気などは気にならなくなりました。また、気にしないようにしています。気にしても仕方がないことですから。**自分のコントロールできないことは気にしないこと**です。自分がすべきことは、目の前のプレーに集中することだけ。そういう考え方をすることにしています。

審判のことを「アンパイア」と言いますよね。アンパイアというのは、一説には〝偏らない〟という意味があるそうです。ですから、目の前の1球に対して、ひとつのプレーに対して忠実に、見たまま判定する。私の場合、スポーツ心理学的な言葉では「セルフトーク」と言いますが、「見たまま、見たまま」とつぶやいて自分に言い聞かせます。大事な場面であればあるほど使います。そこでたとえば、**「これ打ったらどうなるかな」とか、「逆転するかな」などと余計なことを考えると、自分の心が揺れてブレてしまいます。試合で大事にしていることは、揺れずにブレない心です。揺れずにブレないためには、「見たまま」です。**

――なるほど。そうした場面では、応援されているチームの選手は「行け、行け」という雰囲気でしょうが、逆の選手はものすごい重圧を感じていると思われます。そういう選手に対しては?

西貝　両方の選手に声をかけたりします。「よしがんばっていくぞ」「さぁ、声出していこう」「まだまだだぞ」とかですね。たとえばフルカウントで、次の1球で決まるというような時には、バッターにもキャッチャーにも、「さぁ、どっちも勝負だぞ!」などと両方に声をかけたりします。

やはり、選手の持っている力をすべて出し切ってほしいじゃないですか。選手がいるから、我々も同じ舞台に立つことができるわけです。甲子園大会だからではなく、大阪府の大会でも、各都道府県大会でも、夏は敗れたすべてのチームの選手にとってラストゲームです。そこに我々は立ち会う。**たいてい最後はアウトで試合が終わりますが、そのアウトのコールで、その選手やチーム、学校、保護者などみなさんの高校野球が終わることになる**わけです。だから、そこは気持ちを込めてコールしなければいけないと思っています。これも審判幹事の方に教えられたことですが、「3年間よくがんばったぞ!」と気持ちを込めて最後のコールをする。彼らのプレーに応えるというか、多くの想いを持ってジャッジをするのが高校野球だという哲学的なものも持ちながら、グラウンドに立たなければいけないと思っています。**私たちは審判委員であって、判定屋になってはいけない**わけです。

――気持ちを込めながらも、感情移入はすることなく？

西貝 そうですね。気持ちを込めることと感情移入は違いますが、偏らないということを大事にして試合を進めます。最初に言いましたように、良い審判、うまい審判というのは試合をコーディネートできると考えています。もちろん試合展開にもよりますが、高校野球というのは2時間前後で試合が終わります。ムダを省いて、きちんと野球をさせて試合を進めると、だいたいそれぐらいで終わります。私の理想は選手もベンチも見ている人も何もストレスがなく、**審判のことなどまったく気にならず、「いいゲームだったな」と思うようなゲームが、ベストなゲーム**かなと思っています。

――過去の夏の甲子園では、審判が投手にガッツポーズを控えるようにと注意した試合がありました。そうしたマナーの注意を与えることもあります。

西貝 特に甲子園大会というのは、日本全国にその姿が発信されます。私たちは「グラウンドティーチャー」という役割もいただいています。野球規則同様、マナーも含めて試合を進めていきます。高校野球の「F」マークにはフェアプレイ、ファイティングスピリット、フレンドシップという意味があります。たとえば、派手なガッツポーズをみんながやるようになってしまえば、相手に対するリスペクトはないのかということになります。野球の本場、アメリカでは、三振をとったからといって投手はそんなことはしないと思います。

――メジャーリーグでは報復される恐れもあります。

西貝　そういうこともあるかもしれません。ルールとしては書かれていませんが、守るべき当然のマナーの部分なのではないでしょうか。過度なパフォーマンスになっているようであれば、「それは控えなさい」と言うこともあるかと思います。選手の行動に対しても「駆け足！」などと強く言う場合ももちろんあるわけです。

私が過去に担当した試合では、帽子が頻繁に落ちる投手がいました。これには参りました（苦笑）。その時はベンチに行って、責任教員に「とにかく落ちないサイズの帽子を被らせてください」とお願いしたこともあります。1球1球帽子が落ちて、拾っていたら、試合がなかなか進まなくなります。そんな行動は野球のプレーには不要なわけです。甲子園大会でプレーする選手は、やはりそれぞれの地域の代表としての責任もあると思います。勝ち負けだけを競っているわけではなく、マナーも含めて、「いい試合だったな」「いいチームだったな」「ああ、爽やかだったな」「ハツラツとやっていたな」など一生懸命な姿や全力プレーに感動したり、共感したりするんだと思います。野球の技術では、プロや社会人、大学生に比べれば劣ります。それでも、高校野球を見に来られる方々は、いろいろなものを求めて来られるのではないでしょうか。

集中力と緊張の密接な関係

――先ほど、甲子園のスタンドの雰囲気について、「今は、気にならない」とおっしゃいましたが、気になっていた時期もあったのですか？

西貝　初めて甲子園のグラウンドに立った時は、とにかく怖かったですね。今でも怖いんですが、当時は本当に怖くてスタンドを見上げることができませんでした。見たら圧倒されて怖くてできなくなると真剣に思いました。３６０度、あれだけのお客さんが入っている中でグラウンドに立つなど、経験したことがありませんでした。だから帽子のつばより上に目線を上げずに、とにかくボールだけ見ておこうという感じでした。いまだに慣れないですけどね。逆に慣れたらダメだと思うんですよ。**緊張は絶対にしなき**

ゃいけないわけです。集中力と緊張には密接な関係があって、緊張感があってこその集中力発揮ですから。今でも試合前は、吐きたくなるぐらい緊張しています。

――今もそうなんですか。

西貝　だから私には準備としてのルーティンが必要なわけです。試合前は頻尿になります。頻繁にトイレに行きますが、その際も「トイレトレーニング」をします。このトイレトレーニングとは1964年の東京オリンピックの時に、選手たちに指導された〝暗示放尿〟というものだと教わりました。尿と一緒に、自分の不安や弱気な気持ちを全部一緒に出すんです。「出ていけ、出ていけ」と自分に暗示をかけながらするわけです。それで、トイレは必ず流しますから、不要なものは流して、そして、チャックを上げたり、ベルトを締めたりして、気持ちを締め直す。いわゆる〝ふんどしのひもを締め直す〟って言いますよね。同じです。これも私のルーティンのひとつです。高校野球では5回の裏が終わったらいったんグラウンドから引き上げて、私は必ずトイレに行きます。トイレに行って〝暗示放尿〟をして気持ちを切り替える。これはもう決めごとにしています。

――普段の生活の中でも意識していることはありますか？

西貝　呼吸法ですね。ルーティンと一緒で呼吸も大事ですから。試合で緊張した時に、深呼吸をしますが、普段から深呼吸をしていなかったら、呼吸筋が固まってしまい、深く呼吸をすることができなくなります。ですから毎朝、簡単にですが呼吸法のトレーニングをしています。

――普段から審判のための準備をされているんですね。

西貝　審判には、これで終わりということがないと思います。これだけできたからいい、これぐらいでいい、というものはありません。毎試合、試合内容もプレーもスコアも違います。悩みと言えば、どうしたらもっとうまくなるかなと、いつも考えます。申し訳ないのですが、いくら審判技術を磨いても、やはり間違いというのはついて回ります。選手も毎日のように練習しているわけですから、私も少しですが生活の中で準備をしています。それも責任だと思っています。

――ミスしてしまった時は？

西貝　試合中は落ち込んだり、反省しないことにしています。それをすると引きずってしまって、またミスを重ねてしまいます。マイナスイメージが強くなり、「またミスしたらどうしよう」などと弱気になり、自分の心が揺れてブレてしまうからです。選手には大変申し訳ないのですが、だからと言って取り返すことはできません。**試合中は落ち込んでいる場合ではなく、次の1球、次のワンプレーに最大限の集中力を注いで切り替えていく。何があっても冷静に、クールを装うようにしています。**反省は試合が終わってからたくさんして、本当に申し訳ない気持ちになって、落ち込みます。

——試合の映像を見返したりもされるのですか？

西貝　もちろんします。良くても悪くても、その日、帰ってから担当した試合は見返して反省をします。

——審判員として、今後西貝さんが目指すところはどのようなところでしょうか？

西貝　むずかしいですね……。うまい審判員というよりは、良い審判員でしょうか。「西貝さんが担当であれば安心だ」と言われるぐらい、みなさんに信頼される存在になりたいとは思います。私たちはあくまでも、審判をさせてもらっている立場ですから。グラウンドに立たせていただいて、**選手がプレーをしてくれるので、我々はジャッジすることができます。規則適用も含めていろいろと勉強させてもらえるわけです。選手が全力でやってくれるからこそ、際どいプレーがたくさん出てきて、我々はうまくさせてもらっている。**ようするに選手やチームに鍛えてもらっているという感覚なので、本当にありがたいとしか言いようがありません。グラウンドティーチャーというより、グラウンドそのものが選手にとっても我々審判委員にとってもティーチャーではないでしょうか。

甲子園大会にしても、たまたま私は大阪にいたからご縁をいただきましたが、全国には私よりもっとうまい審判、良い審判はたくさんいらっしゃいます。たまたま恵まれているだけだと思います。だから余計に、そこに立たせていただいている責任を感じながら、全国に発信しなければならないと考えています。たいした模範やお手本にはならないかもしれませんが、毎試合、新鮮な気持ちで、新人のような緊張感を持って、模範となれるような、お手本となれるような気概だけは持ってグラウンドに立たせていただこうと考えています。

決して私がアマチュア野球の代表的な審判員ということではありません。アマチュア野球をしている審判員の1人として、その一例として私の取り組みや日頃心がけていること、考えていることをお話しさせていただきました。ですので、これがアマチュア野球審判員のすべてではありません。多様な取り組み、多様な考え方があると思います。そのあたり、悪しからずご了承お願いしたいと思います。

Profile

西貝雅裕（にしがい・まさひろ）

1966年1月8日生まれ、神奈川県出身。高校教員を勤めながら1996年から高校野球の審判に携わり、1997年に大阪府高等学校野球連盟の審判委員となる。2004年より日本高等学校野球連盟審判委員。2015年には「WBSC U－18ベースボールワールドカップ」の審判も務めた。

参考文献

・Anshel,M. & Weinberg,R.　Sources of acutestress in American and Australian basketball referees (Journal of Applied Sport Psychology,7:11-22.1995)

・上川徹　平常心－サッカーの審判という仕事－（ランダムハウス講談社　2007）

・勝木豊成　笑って勝つスポーツメンタルトレーニング（スキージャーナル　2005）

・村上貴聡、平田大輔、佐藤周平　トップレフェリーに必要な心理特性とは－インタビュー調査からの検討－（スポーツパフォーマンス研究第8巻76－87頁　2015）

・村上貴聡、平田大輔、佐藤周平　テニス審判員における心理的スキルの検討（テニスの科学第24巻1－9頁　2016）

・村上貴聡、宇土昌志、阪田俊輔、立谷泰久　国際審判員を対象とした審判活動におけるストレッサーの検討（日本スポーツ心理学会第44回大会研究発表抄録集180－181頁　2017）

・村上貴聡、平田大輔、阪田俊輔　テニス国際審判員におけるストレッサーの検討（テニスの科学第26巻96－97頁　2018）

・村上貴聡、平田大輔、村上雅彦、宇土昌志、山崎将幸　スポーツ審判員に求められる心理的スキルの評価－尺度の開発とその活用－（東京体育学研究第9巻1-8頁 2018）

・中込四朗、土屋裕睦、高橋幸治、高野聰　メンタルトレーニング・ワークブック（道和書院　1995）

・中野敬子　ストレスマネジメント入門（第2版）－自己診断と対処法を学ぶ－（金剛出版　2016）

・日本スポーツ心理学会資格認定委員会、日本スポーツメンタルトレーニング指導士会編　スポーツメンタルトレーニング指導士活用ガイドブック（ベースボール・マガジン社　2010）

・日本スポーツ心理学会編　スポーツメンタルトレーニング教本三訂版（大修館書店 2016）

・日本テニス協会編　新版テニス指導教本（大修館書店　2015）

・立谷泰久、堀美和子、菅生貴之、浅見俊雄　サッカー国際審判員の心理サポート－2002年日韓W杯前を中心に－（体育の科学第55巻4号327－331頁　2005）

・徳永幹雄　ベストプレイへのメンタルトレーニング改訂版（大修館書店　2003）

・徳永幹雄編　教養としてのスポーツ心理学（大修館書店　2005）

・Vealey,R.　Future directions in psychological skill straining (The Sport Psychologist,2:318-336. 1988)

おわりに

２００２年、２００６年と2大会連続でＦＩＦＡワールドカップの主審を務めたサッカーの上川徹氏が以前、こんなことを言っていました。

「日本のレフェリーのレベルアップが、日本サッカーのレベルアップにつながっていく」

つまり、審判員を育成していくことが、日本サッカーそのもののレベルアップにつながるというもの。そのため、日本サッカー協会は早くからプロフェッショナルレフェリー制度を導入し、ＪＦＡレフェリーカレッジや審判トレセン制度といったさまざまな施策に取り組んできました。ＦＩＦＡワールドカップなどのビッグイベントに数多くの日本人審判員を輩出してきたのも、そうした成果の表れだと考えられます。

あらゆるスポーツにおいて審判員は欠かすことのできない存在です。最近は、各競技団体が行う審判講習会において、審判員のメンタルに関するセッションが取り入れられるようになりました。試合を円滑に進めていくためにも、メンタルの重要性が浸透してきたと言っていいでしょう。

日本スポーツ心理学会が認定する「スポーツメンタルトレーニング指導士」は現在、全国に約130名います。心理サポートを受けてみたいという審判員、あるいはアスリートの皆様は、こうした人材の活用も検討してみてください。

本書では、審判員のメンタルに関する研究で得られた結果をもとに、実用的なメンタルトレーニングを紹介してきました。誰もが取り組めるものばかりなので、「これは！」と思うものがあればぜひやってみてください。「継続は力なり」です。1ヵ月も続ければ、必ず効果を実感することができます。

最後になりますが、本書でインタビューさせていただいたトップレフェリーの西村雄一氏（サッカー）、加藤誉樹氏（バスケットボール）、辻村美和氏（テニス）、村中伸氏（バレーボール）、西貝雅裕氏（高校野球）に厚く御礼申し上げます。皆様の審判員に対する考え方や想いは興趣が尽きず、今後の研究はもちろん、私自身にとっても大変参考になりました。

また、以前から私の研究にご協力いただいておりました多くの審判員の皆様にも心より感謝申し上げます。誠にありがとうございました。

村上貴聡

【監修者略歴】
村上貴聡（むらかみ・きそう）
筑波大学体育専門学群を卒業し、九州大学大学院人間環境学府で博士課程を修了（人間環境学博士）。九州大学講師、国立スポーツ科学センター契約研究員を経て、現在は東京理科大学理学部第一部准教授。専門はスポーツ心理学で、審判員のストレス・マネジメントやトップアスリートの心理的評価などの研究に従事するほか、スポーツメンタルトレーニング指導士として活動。これまで、日本スポーツメンタルトレーニング指導士会理事、日本オリンピック委員会強化スタッフ、日本テニス協会コーチング委員会常任委員などを歴任する。1973年、熊本市生まれ。

パーフェクトレッスンブック
スポーツ審判《しんぱん》メンタル強化《きょうか》メソッド

監修者　村上貴聡
発行者　岩野裕一
発行所　株式会社実業之日本社
〒107-0062
東京都港区南青山5-4-30
CoSTUME NATIONAL Aoyama Complex 2F
電話　03-6809-0452（編集）
03-6809-0495（販売）
ホームページ　http://www.j-n.co.jp/

印刷・製本　大日本印刷株式会社

ISBN978-4-408-33845-3（第一スポーツ）

1902(01)